GYM PSY

les vitamines de l'esprit

Ysidro FERNANDEZ

ISBN : 978-2-9540771-8-5

Au commencement était l'action

Goethe

Des exercices pour assouplir et fortifier le corps existent depuis des milliers d'années, un peu partout à travers le globe. Les militaires furent les premiers à les utiliser, pour s'entraîner à l'art du combat ; puis ils furent adoptés par les sportifs. Enfin les anciens médecins les conseillèrent à leurs patients afin de prévenir et de guérir les maladies.

Dans la Grèce antique, la coutume consistait à pratiquer ces exercices, nu. En grec, nu se dit *gumnos*, d'où est tiré le préfixe gymno, qui participe à la construction des mots comme gymnastique. Les deux plus grands gymnases d'Athènes s'appelaient alors le Lycée et l'Académie, lieux publics où enseignèrent aussi Aristote et Platon. Car les philosophes d'autrefois ne se contentaient pas de penser, d'écrire ou de donner des conférences, ils s'entraînaient également à contrôler leur respiration, à dormir à la dure, à modérer plaisirs et passions ou à ne pas craindre la mort. Les taoïstes, bouddhistes et yogis, qui vivaient à la même époque en Inde ou en Chine, pratiquaient des « exercices spirituels » assez similaires.

Quelques millénaires après les gymnastiques militaire, sportive, médicale, philosophique et spirituelle, apparurent des méthodes pour muscler les neurones. Cette gymnastique du cerveau est devenue célèbre grâce, entre autres, au « Programme d'Entraînement Cérébral » du Dr Kawashima, jeu vidéo vendu à plus de dix millions d'exemplaires, depuis sa première commercialisation en 2004 au Japon.

Ne manquait plus qu'une gymnastique spécifiquement psy. C'est le sujet de ce livre, le premier du genre.

La « gym cerveau », élaborée à partir des recherches en neurosciences, permet l'amélioration des fonctions mentales, tels l'apprentissage, la mémoire, la perception, le langage ou les intelligences mathématique, logique et spatiale.

La « gym psy » s'intéresse plutôt à la personnalité, soit les pensées, les émotions et les comportements.

Pour créer et mettre au point les exercices de cet ouvrage, je me suis inspiré :

. de ma profession de psychologue clinicien ;

. des exercices de certaines psychothérapies actives proposant des « devoirs à la maison » ;

. des techniques de créativité ;

. de ma pratique de la gymnastique chinoise (tai-chi, chi-kong) ;

. de mon expérience comme musicien et comédien.

Les exercices qui suivent sont présentés de manière progressive, comme dans toute gymnastique qui se respecte. Je vous conseille donc, dans un premier temps, de les pratiquer selon l'ordre chronologique. Par la suite, utilisez l'index pour approfondir un thème particulier.

Bon entraînement.

❧ 1 ❧

Empruntez du temps

La pratique régulière d'une gymnastique, corporelle, psychologique ou autre, demande un certain temps. Cet exercice est donc le premier de la liste. Mais peut-être estimerez-vous, comme une majorité de lectrices et de lecteurs, que vous n'avez pas le temps, malgré votre motivation. C'est qu'il y a le travail, les enfants, les courses, le ménage, les activités, les amis, les vacances, le sport, la lecture, Internet, les hobbies… Alors où trouver ce temps qui fait défaut ? La fable suivante répond en partie à l'interrogation.

Un vieil homme mourant appela ses trois fils à son chevet, pour leur léguer toute sa fortune : dix-sept chameaux. Selon les mérites de chacun, il décida de donner la moitié de l'héritage à l'aîné, le tiers au dernier et un neuvième du troupeau au cadet ; soit huit chameaux virgule cinquante pour l'un, cinq chameaux virgule soixante-sept pour l'autre et un chameau virgule quatre-vingt-neuf pour le moins avantagé des trois. Leur père avait dû se tromper, pensèrent immédiatement les trois frères. Mais, malgré son âge avancé, le patriarche possédait encore toutes ses facultés mentales. Il leur confirma donc ses dernières intentions, avant de s'éteindre paisiblement, le sourire aux lèvres, laissant les héritiers embarrassés par cette énigme a priori insoluble.

Le jour de l'enterrement, ils croisèrent le sage du village et décidèrent de se confier à lui, avant qu'il retourne dans le désert sur son chameau. L'ancien sourit et leur dit que la solution était très simple. Mais avant de lire la suite, essayez de réfléchir à ce problème pendant quelques instants ; tiens, pourquoi pas cinq minutes, si vous avez le temps. Alors, comment vous débrouilleriez-vous, si vous vous trouviez à leur place ?

Comme les héritiers tournaient en rond, sans le moindre indice, le sage leur proposa de recourir à son chameau. En un éclair, l'aîné, le plus brillant des trois frères, compris que, avec ce dix-huitième chameau providentiel, le partage devenait un jeu d'enfant : neuf chameaux pour lui, six pour le plus jeune et deux pour le cadet, soit dix-sept chameaux au total effectivement.

– Mais que faire du dix-huitième ? demanda l'un des trois.

– Et bien rendez-le-moi, répondit le sage, qui repartit sur sa monture sans autre explication.

Alors, si le temps vous manque, empruntez cinq minutes à la Banque du Temps, vous les rendrez avant minuit, promis. Voici comment.

Chaque matin, programmez votre réveil afin de vous lever cinq minutes plus tôt qu'auparavant. Cinq minutes, c'est peu, mais suffisant pour commencer votre entraînement. Ensuite ? Et bien ne changez rien à vos habitudes. Vous constaterez que vos activités se réaliseront comme prévu, sans grignoter de précieuses minutes à un autre moment. Votre sommeil, non plus, n'en pâtira pas et, grâce à ce temps additionnel de gymnastique psy, vous dormirez peut-être mieux. Mais rassurez-vous ; vous n'entrerez pas, pour autant, dans la cinquième dimension. Au bout du compte, votre journée aura bien objectivement vingt-quatre heures, comme tout le monde, mais psychologiquement vous aurez eu cinq minutes de plus.

Prendre du temps, consiste aussi à se donner du temps. La majorité des exercices de cet ouvrage se pratiquent seul, chez soi de préférence. Arrangez-vous donc pour les effectuer à un moment où vous ne serez pas dérangé par les autres, la télévision, le téléphone, la radio, la musique, etc.

Découvrez vos trous noirs

Saviez-vous que chacun de vos yeux comporte un trou, un trou noir qui reste invisible en temps normal ? Si vous fermez un œil et regardez le monde environnant, vous devriez voir une zone vide où il n'y a absolument rien, même pas le fond du ciel. Or, à moins d'avoir déjà réalisé l'exercice qui suit, vous n'avez sûrement jamais remarqué cette singularité, et pour cause, car votre cerveau comble ce vide sans vous consulter.

●   ■

Tenez le livre à bout de bras devant vous, à l'horizontale, le rond et le carré ci-dessus alignés face à vos yeux. Fermez l'œil droit, fixez le carré avec l'œil gauche et constatez que le rond reste toujours visible en périphérie. Maintenant, rapprochez doucement la page de votre visage, en gardant bien l'œil gauche fixé sur le carré. À mi-parcours, le rond disparaît, comme par enchantement, puis réapparaît aussi magiquement si vous continuez le mouvement de rapprochement. Répétez l'exercice en changeant d'œil. Fermez le gauche et avec le droit fixez le rond en tenant l'ouvrage le plus loin possible. Rapprochez la page vers vous jusqu'à la disparition du carré, qui réapparaîtra en continuant le rapprochement.

Rassurez-vous, c'est normal. Nous avons tous la même tache aveugle dans chaque œil. Le phénomène, d'habitude invisible, est dû au nerf optique qui occupe cette zone dépourvue de cellules photosensibles. Mais comme le cerveau est intelligent, il comble ce trou avec ce qu'il perçoit alentour, nous donnant l'illusion qu'il ne manque rien.

Quel est l'intérêt de l'exercice ? Assouplir notre regard. Constater que nous croyons percevoir le monde tel qu'il est, alors que notre cerveau interprète, ordonne et réorganise sans cesse les informations reçues par les organes des sens. Ce qui est valable pour de simples figures géométriques, l'est d'autant plus avec les humains. Parfois nous préférons ignorer des événements qui nous dérangent, d'autres fois nous nous accrochons à des illusions qui nous arrangent.

Ne l'oublions pas, quand nous critiquons nos semblables ; ne l'oublions pas quand les autres nous jugent. Mais nous l'oublierons, car la fonction du cerveau consiste justement à nous persuader, pour notre bien, que nous voyons le monde et les gens tels qu'ils sont réellement. C'est plus simple et plus pratique, comme de penser que le Soleil se lève et se couche, alors que ce n'est pas lui qui se déplace, mais la Terre.

Un jour ou l'autre, comme tout un chacun, vous buterez sur un obstacle ou une difficulté. Si, après maints efforts, rien ne bouge, repensez à cet exercice et répétez-le, autant que possible, jusqu'à découvrir les zones aveugles qui vous empêchaient d'appréhender la situation autrement.

Changer psychologiquement, c'est d'abord changer le regard que nous portons sur le monde, sur les autres et sur nous-même.

❧ 3 ❧

Respirez sans respirer

Si nous parvenons à nous priver de sexualité pendant des mois, de nourriture durant des semaines ou d'eau pendant des heures, s'arrêter de respirer plus de quelques minutes est une tâche surhumaine.

Saviez-vous que les termes respiration, spiritualité, esprit et psychologie viennent du même mot « souffle » ? Pas étonnant que des enseignements millénaires, comme le yoga, le bouddhisme zen ou les arts martiaux comportent des techniques respiratoires. On retrouve une analogie similaire dans la Genèse biblique : au commencement, la terre était déserte et vide et le « souffle de Dieu » planait à la surface des eaux, expression parfois traduite par « Esprit de Dieu ».

La respiration a la particularité d'être un acte automatique et inconscient qui peut, à la demande, devenir volontaire et conscient. Et quelqu'un de bien entraîné saurait deviner l'humeur d'une personne, en observant attentivement sa respiration. On respire différemment, selon que l'on est angoissé, stressé, déprimé, en colère ou joyeux. Nos émotions influent sur notre respiration et notre respiration agit, dans une certaine mesure, sur nos émotions.

« Dis-moi comment tu respires, je te dirai qui tu es. »

Voici donc un exercice à effectuer n'importe où (dans votre lit, en marchant, dans le bus, au travail, aux toilettes), quelques minutes par jour, le plus souvent possible.

Inspirez doucement et profondément par le nez, bouche fermée, en gonflant le ventre d'air, durant trois secondes. Effectuez ensuite le mouvement inverse, en vidant l'air du ventre (toujours par le nez, bouche fermée), là aussi pendant trois secondes. Lorsque vous vous sentirez à l'aise avec cette durée initiale, essayez de monter jusqu'à quatre, cinq, six secondes, voire plus. Avec l'entraînement, vous parviendrez à rallonger ce temps, afin de ralentir peu à peu votre fréquence respiratoire (nombre de respirations par minute).

Quand vous réussirez à équilibrer inspiration et expiration et que vous trouverez le rythme respiratoire qui vous convient, expérimentez la suspiration : la suspension de la respiration.

Le principe, peu connu en dehors de certaines pratiques secrètes d'Orient, est assez simple en théorie : il s'agit de rester sans respirer après l'expiration, pendant un temps aussi long que durant la respiration normale. Pendant trois secondes vous aspirez de l'air, par exemple, durant trois autres secondes vous expirez, puis pendant trois secondes vous ne faites ni l'un ni l'autre. Vous constaterez, lors de vos premiers essais, que la tâche n'est pas aisée, parce que l'inspiration démarre automatiquement, comme si votre corps craignait de manquer d'air.

L'intérêt de l'exercice consiste à fortifier notre peur de la mort, non pas en pensée ou en imagination, mais physiquement, avec les tripes. Cette peur de la mort que l'on retrouve derrière toutes nos angoisses et nos peurs quotidiennes : la peur de l'échec, de la solitude, de la vieillesse, de la maladie, de l'abandon, du rejet, de l'inutilité, de l'incompréhension, de n'être plus aimé, de perdre ceux que l'on aime…

Apprivoisez vos émotions

Il existe quatre émotions principales, présentes dans toutes les cultures, quelle que soit l'époque : la joie, la tristesse, la peur et la colère.

Certains croient que l'idéal, dans la vie, serait de demeurer éternellement joyeux, sans jamais ressentir ni peur ni colère ni tristesse. Les recherches sur l'intelligence émotionnelle montrent, au contraire, que la capacité de varier et d'adapter ses émotions aux circonstances, participe d'un bon équilibre psychologique.

Éprouver de la tristesse, après le décès d'un proche, est une condition nécessaire du travail de deuil. Avoir peur, dans certaines situations, protège des dangers. Enfin, une saine colère et une agressivité constructive permettent de s'affirmer et de ne pas se laisser marcher sur les pieds.

Voici un simple exercice afin d'apprivoiser ces émotions utiles, que l'on repère aussi chez les animaux.

Installez-vous dans votre chambre, porte fermée, mettez-vous en pyjama ou tout nu, et préparez les affaires que vous mettriez pour sortir. Allongez-vous sur le lit, fermez les yeux et détendez-vous un instant. Puis habillez-vous et ouvrez la porte de la chambre, comme si vous sortiez de chez vous, en vous mettant alternativement dans une des quatre situations suivantes :

a) vous devez toucher une coquette somme d'argent ou vous avez un important et agréable rendez-vous amoureux ;

b) vous allez à l'enterrement d'un proche ;

c) vous décidez de frapper chez le voisin qui vous dérange avec sa musique trop forte ;

d) votre médecin vous a convoqué en urgence afin de commenter vos résultats d'analyse biologique.

Avant de quitter le lit, visualisez bien la scène imaginaire à expérimenter. Répétez plusieurs fois les quatre séquences, et essayez de prendre conscience, au fur et à mesure, de la vitesse avec laquelle vous marchez ou vous vous habillez, de la posture de votre corps et de votre visage, de votre manière d'ouvrir la porte, etc. Exagérez, comme dans une caricature, de façon à mieux percevoir les différences entre les divers états émotifs. N'hésitez pas à vous filmer pour vous observer dans un second temps.

Soyez en colère, joyeux, triste ou inquiet, mais ne pensez pas « c'est bien » ou « c'est mal » ; vivez juste l'émotion.

Puis, achetez un cahier d'exercices (il vous servira aussi pour la suite) et inscrivez les émotions ressenties durant les dernières vingt-quatre heures, surtout les plus insignifiantes, auxquelles nous prêtons rarement attention. Votre peur d'arriver en retard, de rater le bus, qu'on remarque votre fatigue ; ce passant qui vous a énervé en vous cognant légèrement, tel autre qui vous a pris une place de parking ; la joie d'échanger un sourire, la tristesse de croiser un mendiant, etc. Notez ; sans jugement. Une bonne journée, c'est une journée avec au moins une ligne pour chaque émotion.

❧ 5 ❧

Prédisez l'avenir

Saviez-vous que le corps exécutait d'abord virtuellement les mouvements, même les plus simples, avant de les réaliser en vrai ? C'est sur cette étonnante découverte que s'appuie l'entraînement spécifique de divers sportifs de haut niveau.

Prenons trois groupes de skieurs, par exemple. Les uns se familiariseront un peu avec la piste, d'autres s'exerceront beaucoup. Les membres d'un troisième groupe, enfin, s'entraîneront autant que les précédents, mais ils s'exerceront aussi mentalement à effectuer la descente, à éviter les obstacles et à gagner la course. Sans surprise, ce sont les participants du dernier groupe qui obtiendront les meilleurs résultats.

Cette technique est aussi appliquée en médecine, où l'on propose à des patients de visualiser leur médicament en train de tuer le virus ou les cellules cancéreuses.

En dehors du domaine sportif ou médical, certains rêvent éveillés à leur avenir. Ils se voient accéder au poste désiré, séduire la femme ou l'homme de leur vie, décrocher un gros contrat ou publier leur roman. Si vous interrogez des personnalités qui ont réalisé leurs ambitions, elles avoueront, la plupart du temps, qu'elles imaginaient régulièrement le film de leur réussite.

Lorsque l'on visualise souvent son avenir, il semblerait que l'on se programme inconsciemment à tout mettre en œuvre afin d'y arriver, comme dans l'exemple des skieurs. Le résultat n'est évidemment pas garanti, mais cela crée sûrement un contexte plus favorable qu'en l'absence de visualisation.

Ce procédé utilise des principes similaires à l'hypnose, d'où l'intérêt d'effectuer cet exercice le matin, au réveil, moment le plus propice à la suggestion hypnotique. C'est dans cet état particulier entre veille et sommeil, où le corps reste endormi et l'esprit s'éveille, que la visualisation est la plus efficace.

Dans l'idéal, demeurez le plus longtemps possible dans ce demi-sommeil et évitez les stimuli extérieurs qui réveilleraient le corps et la pensée rationnelle. Gardez les yeux fermés, n'allumez pas la lumière ou la radio, ne parlez pas à la personne qui dort à côté de vous. La seule stimulation doit provenir de l'imagerie mentale.

Entraînez-vous, dans un premier temps, à visualiser des actes quotidiens : garer la voiture, monter dans un bus, écrire et poster une lettre, arriver au travail, conclure un entretien, préparer le repas, faire l'amour, etc.

Puis, imaginez des actions plus difficiles et voyez-vous les réussir (demander une augmentation, aborder cette personne, escalader cette montagne, terminer ce chapitre).

Enfin, imaginez la réalisation de votre grand projet actuel, celui qui vous demandera peut-être des années voire tout une vie. Ne cherchez pas à savoir comment vous allez vous débrouiller, visualisez simplement l'arrivée, dans tous ses détails. Vous êtes maintenant PDG, vous passez à la télévision pour parler de votre ouvrage enfin publié, c'est la nuit de noce avec la créature de vos rêves, vous devenez célèbre grâce à votre association humanitaire, vous bouclez votre tour du monde à pied ou en vélo, vous achevez la construction de votre bateau, etc.

Répétez, répétez et répétez, encore et encore ; sans compter.

6

Mangez sans manger

Manger constitue un besoin fondamental des êtres vivants, qui doivent se nourrir pour rester en vie ; le genre d'aliment change selon les espèces, mais le principe demeure.

Le bébé commence par apprécier ce qui assouvit ses besoins biologiques, puis il éprouve de l'attachement et de l'amour envers la personne qui le nourrit, car ce petit être dépend d'un adulte afin de subsister. Les nourritures affectives deviendront alors sa deuxième source de satisfaction. Ce sera une mère, un père, bien sûr, mais aussi des frères et sœurs, des amis, des amours. Au fil des années, s'ajouteront l'argent, les possessions matérielles, le pouvoir, la reconnaissance sociale, le savoir, etc.

Dans tous les cas, les nourritures alimentaires forment la première couche, sur laquelle se superposeront les suivantes. D'où les comportements boulimiques ou anorexiques qui apparaissent en réaction à des difficultés affectives.

Nous demeurons dépendants de nos besoins, sinon ils ne seraient que des envies passagères. Manger est une nécessité, les relations humaines aussi ; et nous souffrons du manque de nourriture comme du manque d'amour.

Puisque le corps et les émotions sont liés (cf. exercice n°3), l'exercice qui suit permet d'assouplir cette dépendance, en agissant sur le besoin viscéral de s'alimenter.

Pour commencer, chaque soir durant une semaine, asseyez-vous à table et contentez-vous de regarder le plat principal, de le sentir, mais de ne pas y toucher pendant trente secondes. Cela n'aura pas le temps de refroidir, mais vous parviendrez peut-être à refroidir votre envie pressante.

Après cette mise en condition, organisez un pique-nique, sans oublier la nappe ou la couverture pour vous installer sur l'herbe. Choisissez un lieu agréable par une journée agréable (ne prenez évidemment pas de méga petit-déjeuner avant) et procédez comme d'habitude, sauf qu'il vous est interdit de consommer le repas que vous avez pourtant pris soin de préparer avec amour. Remballez tout et profitez de cette après-midi champêtre ; mangez une fois rentré chez vous. Vous l'avez bien mérité.

Effectuez cet exercice, d'abord seul ; puis en couple, en famille ou entre amis, si vous arrivez à les convaincre.

Le but, bien sûr, n'est pas de se sentir mal, de se faire du mal, mais de cultiver l'indépendance envers les nourritures alimentaires, affectives ou autres.

7

Dansez les actualités

Chacun possède deux langues, deux logiques très différentes : la raison et les émotions. Nous devrions avoir suffisamment de souplesse pour changer de logique selon la situation. Malheureusement, nous montrons souvent un fonctionnement plus rigide, d'où les difficultés à communiquer avec les autres et à se comprendre soi-même.

L'exercice qui suit comporte quatre étapes et vise à assouplir le rapport entre ces deux langages complémentaires.

Commençons avec de la musique. Mettez votre morceau favori ou choisissez-en un au hasard, de préférence sans paroles ou en langue étrangère. Écoutez-le attentivement pendant deux, trois minutes, les yeux fermés, puis inscrivez les qualités et les images que cette mélodie vous évoque, sur votre cahier d'entraînement ; d'où l'intérêt de ne pas comprendre la chanson, car vous risquez de retranscrire ce que vous entendez, et ce n'est pas la finalité de l'exercice.

Quelle est sa couleur ? Est-elle chaude, froide ? Vous

fait-elle penser à un paysage particulier ? un désert ? une ville ? une planète inconnue ? Si c'était la musique d'un film, quelles images l'accompagneraient ? Réécoutez au besoin le morceau et décrivez précisément ce que cette musique vous inspire.

Dans une seconde étape, je vous propose l'exercice inverse. Procurez-vous le journal du jour ou dénichez les dernières dépêches d'actualité sur Internet. Prenez n'importe quelle information d'une dizaine de lignes qui vous tombe sous les yeux, lisez-la et dansez-la. Bougez sans réfléchir ; laissez-vous porter par le texte. Si cela parle de guerre, d'économie ou de mariage people, votre corps ne devrait pas s'exprimer pareillement. Agissez comme si c'était le corps qui lisait les actualités, et non la tête.

Un fois bien entraîné avec ces deux parties, passez à la troisième.

Asseyez-vous à une table, avec de quoi écrire, et dans le silence, de manière à ne pas être gêné par des sons extérieurs. Fermez les yeux et, pendant quelques secondes, imprégnez-vous de l'état dans lequel vous vous sentez à ce moment-là. Ouvrez les yeux et inscrivez spontanément les qualités de cette musique intérieure, comme dans la première partie de l'exercice.

Puis levez-vous, relisez vos notes et dansez-les.

Créez du sens

Vivre, par essence, c'est effectuer des choix et résoudre des problèmes. Comment bien se nourrir ? Qui aimer ? Quelle profession choisir ? Comment gagner plus d'argent ? Où habiter ? Comment guérir ? Comment sortir de ce conflit ? Comment continuer à vivre après ce décès ? Quelle décision prendre ?...
Les gens heureux n'ont pas forcément moins de problèmes ou plus de chance que les autres, mais ils possèdent une remarquable aptitude à trouver des solutions. Créer serait plus juste que trouver, car la réponse ne demeure pas cachée et endormie, dans le donjon de l'Ignorance, en attendant que nous la découvrions. C'est à nous d'inventer une nouvelle façon de voir et d'agir, afin de résoudre la difficulté ou l'hésitation à laquelle nous sommes confrontés. D'où la place centrale des exercices de créativité dans la gym psy. Celui-ci inaugure une longue série.

L'exercice consiste à sélectionner une des séquences de trois mots qui suit – des mots sans lien évident – et à les relier dans une phrase sensée, afin de créer une signification qui n'existe pas a priori. Plus tard, cette capacité créative vous servira à résoudre et à dépasser une situation vécue comme une impasse, un échec, un problème. Essayez d'inventer plusieurs phrases de sens différents. Plus vous disposez de solutions, plus vous êtes créatif, et plus vous possédez une souplesse d'esprit afin de vous adapter aux diverses situations de la vie.

Voici dix séries, pour commencer votre entraînement créatif. Quand vous aurez épuisé la liste, tirez trois mots, au hasard dans le dictionnaire, de domaines distincts (objets familiers, monde animal et végétal, machines, science, êtres imaginaires, parties du corps, vêtements…).

poule – clé – éclipse
fusée – lion – casquette
sapin – médecin – printemps
téléphone – cactus – fée
prison – volcan – dé
montre – pomme – dinosaure
chaussure – fumée – éléphant
fourchette – girafe – vélo
baignoire – avalanche – moustique
gomme – nuage – cercueil

Avec la première série des mots poule, clé et éclipse, voici une phrase sensée qui les relie, à vous d'en créer d'autres. « Le jour de l'éclipse, j'ai trouvé une des poules du voisin dans ma cuisine ; j'avais pourtant bien fermé la porte à clé, en partant le matin. Bizarre… »

Vivez en 3D

Cet exercice aborde l'écoute des autres et de soi. Mais pas n'importe laquelle : une écoute simultanée de différents sons. L'intérêt semble évident dans le couple, par exemple, où les partenaires doivent tenir compte de la parole, des désirs et des manques de chacun. Citons également les trois dimensions de l'individu (le corps, le cœur et l'esprit), du temps (passé, présent et avenir), de la famille (les deux parents et l'enfant).

Munissez-vous de plusieurs sources sonores : une télévision, une radio, un lecteur mp3, une chaîne hi-fi, un Dictaphone, un ordinateur, etc. Installez un appareil en direction de l'oreille gauche et une autre vers l'oreille droite, avec un volume uniforme. À tour de rôle, pendant dix secondes, concentrez-vous sur chaque son, puis écoutez-les ensemble. Vous devez comprendre ce qui est dit, au besoin notez-le.

Puis rajoutez une troisième source derrière vous.

Variante : effectuez un entraînement similaire en marchant, en bricolant, en essuyant la vaisselle, en préparant le repas ou durant toute autre activité qui génère plus de bruit que la lecture et qui ne requiert pas trop d'attention mentale. Mettez un fond musical. Prêtez attention à la musique, puis au bruit de vos actions, enfin à celui de votre respiration. Dans cet ordre, allant du plus extérieur au plus intérieur. Passez d'une source à l'autre, puis essayez les trois en même temps. Pareillement, n'hésitez pas à vous échauffer avec deux sons seulement ; dans ce cas, enlevez l'écoute de la respiration.

Quand vous serez à l'aise avec l'écoute, pratiquez un exercice analogue avec la vue. Allumez la télévision et regardez-la, tout en feuilletant un magazine, une bd ou un album photo ; posez votre regard à mi-distance, avec votre vision périphérique, vous arriverez à suivre les deux ensemble. Enfin, entre ces deux sources visuelles, ajoutez une bougie allumée, un poisson rouge dans un bocal ou un réveil avec une trotteuse, du moment que cela bouge, et débrouillez-vous pour distinguer les trois à la fois dans le détail.

N'hésitez pas à exporter cet exercice. En ville, dans un grand magasin ou au café, amusez-vous à suivre trois conversations ou trois passants qui se déplacent. Marchez dans la rue ou à la campagne, et écoutez simultanément le bruit de vos pas, celui de votre respiration et le fond sonore dans lequel vous baignez (voitures, animaux, vent dans les arbres).

Puis incluez des proches, votre partenaire de couple, un enfant, un ami. Lors d'un dialogue, essayez d'entendre ce que l'autre dit, de voir le mouvement de sa poitrine, de ses muscles, de son regard, et de sentir votre propre respiration, tout cela en même temps.

❧ 10 ❧

Goûtez le dégoût

Les goûts de chacun, ce qui paraît bon ou mauvais, agréable ou désagréable, ce que l'on aime ou pas, constituent l'un des piliers de la personnalité. Un tel adore les viandes en sauce, l'autre les desserts au chocolat, on peut préférer la musique classique ou le rap, les films d'horreur ou les comédies, et les choix amicaux, amoureux, professionnels, politiques ou religieux s'opèrent sur le même principe.

Les goûts et les couleurs ne se discutent pas, et il faut de tout pour faire un monde, comme on dit. Mais que penseriez-vous d'une personne qui se laisse mourir, parce qu'elle déteste le riz et qu'il n'y a rien d'autre à manger ? Nous fonctionnons souvent de la sorte, sans nous en rendre compte, quand nos sources de plaisir se tarissent ou que nous devons affronter nos peurs. C'est durant ces moments, fréquents dans la vie, qu'une souplesse dans nos goûts et nos prédilections devient nécessaire.

L'exercice suivant s'intéresse au dégoût et aux préférences négatives.

Servez-vous un verre de votre boisson favorite. Commencez par avaler la salive. Quel est son goût ? Buvez ensuite une gorgée de liquide. Appréciez-en la saveur et la fraîcheur. Puis reprenez un peu de salive mais, cette fois, crachez-la dans le verre. Remuez et buvez à nouveau. Vous hésitez ? Vous êtes dégoûté ? Pourtant, la salive et la boisson se sont déjà mélangées dans votre bouche, tout à l'heure, sans que cela vous dérange. Qu'est-ce qui distingue cette deuxième partie de l'expérience ?

Et pratiquez le même entraînement avec la nourriture. Mouillez votre sandwich avec quelques gouttes de salive, puis vos tartines, vos glaces, vos plats mijotés. Si vous trouvez cela à votre goût, passez à la suite ; sinon, et bien renouvelez l'exercice, cela vous aidera dans l'avenir.

À présent, baisez votre bras et votre main gauches, comme si c'était l'amour de votre vie. Et ce devrait être le cas, car s'il y a bien quelqu'un qu'il vous faudra aimer jusqu'au dernier souffle, c'est bien vous. Puis l'autre bras et l'autre main. Maintenant enduisez vos membres de salive et renouvelez l'opération. Léchez-vous, embrassez-vous, aimez-vous.

Ne vous arrêtez pas en si bon chemin. Allez dans la salle de bains, devant la glace. Caressez-vous le visage. Sentez et appréciez l'odeur et le contact. Passez-vous de l'eau sur le visage. Passez-vous de la salive sur le visage.

Votre salive vous appartient. Votre visage, vos mains et vos bras, aussi. Telle partie de votre personnalité, de votre passé ou de votre vie, est à vous, c'est vous, et telle autre aussi, que les autres l'apprécient ou pas, que vous la trouviez à votre goût ou pas. S'aimer, avoir une bonne estime de soi, consiste avant tout à ne plus être dégoûté par soi-même.

En complément, l'exercice n°30 permet d'assouplir les choix positifs.

❧ 11 ❧

Regardez le temps passer

L'ennui ressemble à une horloge dont l'aiguille des secondes s'amuse à ralentir voire à s'arrêter. Alors on tue le temps, afin d'échapper à l'angoisse ; on remplit sa vie de projets et d'activités pour faire passer le temps, ce temps mort synonyme d'ennui. Et l'on se réveille un soir, au crépuscule de sa vie, étonné de constater, avec nostalgie et regret, que l'on n'a pas vu le temps passer. Mais on a tout fait pour...

Si vous ne voulez pas sentir la vie vous glisser entre les doigts, si vous désirez apprécier le présent et ne pas craindre l'avenir, alors il faudra apprivoiser le temps, le temps qui passe, le regarder en face et prendre le temps de le regarder passer. Avec intérêt. C'est le but de cet exercice.

Asseyez-vous confortablement devant une montre possédant une trotteuse ; le réveil sur la table de nuit, par exemple, ou la pendule de la cuisine, de l'ordinateur, du téléphone portable. Attendez que l'aiguille des secondes soit en haut, et regardez-la accomplir le tour du cadran, seconde après seconde.

Évitez, bien sûr, les autres stimulations extérieures ; pas de musique, ni radio, ni télévision, ni lectures, ni repassage, ni personne au bout du fil. Et sans partir dans vos pensées, non plus, ce qui restera le plus difficile ; car ce comportement caractérise la stratégie privilégiée afin de fuir une réalité qui dérange. (Raison pour laquelle, les montres digitales sont à déconseiller : vous risqueriez de compter mentalement les chiffres qui défilent sous vos yeux.)

Combien de temps tiendrez-vous, à simplement regarder les secondes passer ? Une minute, cinq, dix, plus ? Essayez régulièrement de battre votre record.

Quand vous maîtriserez cette première partie de l'exercice, remplacez le battement mécanique de la trotteuse par la pulsation vivante du mouvement respiratoire.

Installez-vous dans le silence et la solitude, face à un mur de chez vous ; de préférence un mur nu, de couleur unie, pour ne pas vous focaliser sur la tapisserie, les bibelots, les photos ou les posters affichés. Puis contentez-vous de rester là, assis, et de respirer ; rien d'autre. Au besoin, concentrez-vous sur le seul élément qui se détache du vide ambiant : le son et le mouvement de votre respiration. Toute votre vie se ramène à ce battement incessant d'inspiration et d'expiration ; prendre le positif, éliminer le négatif.

Les maîtres zen et les yogis se livraient à cette pratique plusieurs heures par jour, pendant des dizaines d'années voire toute une vie. La sérénité, pour eux, était à ce prix.

Sans aller jusque-là, effectuer régulièrement cet exercice le soir avant de se coucher, comme on se brosse les dents, vous permettra d'éliminer les tensions accumulées durant la journée et vous préparera à une bonne nuit de sommeil réparateur. Et, avec l'entraînement, vous arriverez peut-être à pacifier votre esprit.

❧ 12 ❧

Faites une partie de claques

Comme nous l'avons vu à l'exercice précédent, la vie se caractérise par deux énergies fondamentales, symbolisées par la fonction respiratoire : se nourrir du positif, se protéger du négatif.

Face à un danger qui compromettrait notre sécurité et notre vie, nous disposons, comme la plupart des êtres vivants, de plusieurs stratégies qui, pour l'essentiel, se résument aux réactions suivantes : fuir, faire le mort ou agresser l'ennemi.

C'est un lieu commun de dire que, dans la vie, il faut se battre. Se battre pour garder sa place et les gens que l'on aime, pour vaincre la souffrance et la maladie, pour s'affirmer, pour se préserver des relations nocives et des situations négatives. Se battre pour vivre, pour mieux vivre, car, d'une manière ou d'une autre, la vie est une lutte permanente contre les forces de mort.

Au cours de l'existence, nous recevrons et nous donnerons donc des coups ; il faut donc s'y préparer, comme dans les arts martiaux.

Même si l'exercice suivant concerne les sensations

physiques, il permet de fortifier notre rapport à la douleur morale et aux coups psychologiques, parce que l'esprit et le corps sont liés et que les deux phénomènes s'appuient foncièrement sur des mécanismes similaires.

Fermez votre main directrice en forme de poing et frappez la paume de l'autre main, en les rapprochant l'une de l'autre. Doucement d'abord, puis de plus en plus énergiquement. Cela doit claquer, vous devez entendre le bruit sec et sentir le coup. Ensuite, tapez du poing sur des objets durs et résistants qui vous entourent (une table, un mur, une porte).

Enfin, avec une cuillère en bois, frappez les divers muscles du corps ; ce n'est ni une caresse ni un vrai coup. Sentez le choc et la légère douleur, respirez tranquillement et laissez la sensation s'évanouir. Puis recommencez.

Et pour terminer sur une note ludique, trouvez un complice afin de faire une partie de claques. Les règles sont simples. Fermez les yeux, respirez profondément et détendez-vous, en attendant que votre partenaire vous demande : « tu veux une claque ? » Quand vous serez prêt, faites-lui signe. Il vous donnera une claque, douce au début, et vous devrez rester impassible. S'il perçoit la moindre émotion, même un rire, vous perdez et il continue, sinon les rôles s'inversent.

Augmentez la force de la claque à chaque nouveau tour, jusqu'à ce que l'un des deux abandonne la partie.

Pour compléter cet entraînement, voir aussi les exercices sur l'échec (n° 19 et 66).

❧ 13 ❧

Tachez votre miroir

L'objet le plus emblématique de la psychologie n'est pas le divan, comme on le croit trop souvent, mais le miroir. Pas de psychologie sans conscience de soi, et pas de conscience de soi sans la capacité à reconnaître son reflet. Le mot psyché, en plus des phénomènes psy, ne désigne-t-il pas aussi un miroir ?

Si l'on place des êtres vivants devant un miroir, seuls un petit nombre reconnaissent leur image. Pour passer ce test, on endort puis on marque les cobayes d'une tache qu'ils ne parviennent pas à percevoir directement ; sur le front, par exemple. Au réveil, ceux qui se sont reconnus dans le reflet, touchent, frottent ou grattent la tache sur leur tête, les autres non.

À ce jour, hormis l'humain âgé d'au moins dix-huit mois, seuls le chimpanzé, l'orang-outang, le dauphin et l'orque – nos plus proches cousins – ont réussi le test. (De récentes recherches, à confirmer, semblent montrer que l'éléphant posséderait aussi cette capacité remarquable.)

Cette image résulte en premier lieu des caractéristiques physiques du miroir, puis, dans notre espèce, elle deviendra une image psychologique et sociale façonnée par les propriétés réfléchissantes du regard de nos semblables : je suis sympa, antipathique, beau, moche, coléreux, gentil, célèbre, con, instable, loser, fou, intelligent, etc. Il y a l'image que les autres ont de moi, et celle que moi-même j'ai de moi. Parfois elles correspondent, mais elles diffèrent la plupart du temps.

À la longue, nous oublions que ces images mentales ne sont que des images, et nous en arrivons à prendre les reflets pour la réalité, pour notre véritable identité.

Ce court exercice vise à décoller de nos images internes ; un test du miroir à l'envers, en quelque sorte.

Fixez une petite pastille autocollante de couleur rouge sur votre miroir habituel (celui de la salle de bains, par exemple), là où se reflète le milieu du front. Chaque matin, prenez conscience de sa présence. Mettez votre paume sur le front et constatez que la pastille demeure visible. Déplacez-la régulièrement, afin de ne pas vous y habituer, puis enlevez-la pendant un temps. Et remettez-la. Jouez avec. Jouez avec vos images.

La pastille rouge vous remémora que, les jugements négatifs que les autres portent sur vous, ce sont des images produites par le miroir de leur psyché. Ces images leur appartiennent ; ce n'est pas vous.

Mettez du jeu, au sens mécanique, entre vous et vos images, celles que vous avez de vous-même, de vos proches, du bonheur, de la vie… celles que l'on a de vous. Une façon préventive de parer les futures agressions du monde et des relations.

(cf. l'exercice complémentaire n°29).

❧ 14 ❧

Entretenez votre désordre

Comparons une statue de chat à un nuage en forme de chat. Quelle est leur différence majeure ? La première existera encore demain, semblable à elle-même (sauf incident majeur), alors que le second aura disparu d'ici-là. La statue est constituée d'une matière très structurée ; le nuage, au contraire, est instable et chaotique. Le chat-animal se situe à mi-chemin : son organisation biologique est plus ordonnée que le chat-nuage et plus désordonnée que le chat-statue.

Tout organisme vivant se caractérise par un certain désordre qui l'anime, une instabilité fondamentale qui le distingue du monde inanimé de la matière. Le signe de ce désordre ? La statue et le diamant ne manquent de rien, ils se suffisent à eux-mêmes. Nous, en qualité d'êtres vivants, nous devons respirer, boire, manger, aimer, nous nourrir du positif et nous protéger du négatif.

Quelle est la marque spécifique du vivant ? le mouvement, comme celui du battement du cœur ou de la respiration. Mais cela signe aussi notre dépendance, notre fragilité et, à terme, notre mortalité. L'ordre extrême d'une statue de marbre ou d'un diamant les rend, d'une certaine façon, immortels, mais inertes.

L'exercice suivant consiste à bousculer et, donc, à assouplir l'ordre quotidien, afin de se préparer au désordre futur ; quand des événements feront rupture avec le cours normal de l'existence, à l'occasion d'un conflit, d'une séparation, d'un décès, d'un licenciement, d'un accident, d'une maladie, etc.

L'objectif est, aussi, d'apprendre à ne pas toujours regarder le monde selon notre point de vue, notre ordre à nous, si nous voulons comprendre les autres et changer quand la situation l'exige.

Commençons par les photos, posters, tableaux et autres objets décoratifs fixés aux murs de chez vous. En les accrochant, vous avez sûrement vérifié qu'ils étaient bien droits ; c'est dans l'ordre des choses. Choisissez-en un que vous disposerez légèrement de travers. Au début, vous n'aurez qu'une envie, le redresser, mais, avec le temps, vous parviendrez à vous familiariser avec ce nouvel ordre. Le moment sera alors venu de le bouger à nouveau, voire de le remettre comme il se trouvait au départ.

Après cet échauffement, attaquez-vous aux placards. Là aussi, ils sont rangés selon un certain ordre, le vôtre ; celui de votre partenaire, de vos enfants ou de vos amis serait sûrement différent.

Demandez à un proche de ranger, à sa façon, un de vos placards de fond en comble. Commencez par la cuisine ou le salon et finissez par le placard à vêtements.

Plus vous arriverez à vivre longtemps avec l'ordre des autres, sans que le désordre s'installe à l'intérieur de vous, plus vous développerez une souplesse d'esprit et de personnalité qui s'avéreront utiles pour affronter les perturbations et les changements à venir.

À effectuer régulièrement, comme le ménage de printemps.

❧ 15 ❧

Pensez avec les pieds

Nous vivons une époque où l'on marche beaucoup avec sa tête, voire trop, au point que nombre de problèmes psy découlent de cette hypertrophie mentale. Cet exercice consiste à refroidir le cerveau en réchauffant le bas du corps, pratique très utile lorsque des pensées obsédantes nous prennent la tête, comme on dit. Il s'agit d'apprendre à penser avec les pieds. Panser avec ses pieds.

Choisissez une pièce spacieuse de votre habitation et mettez-vous pieds nus ; bougez quelques meubles, au besoin, de manière à gagner de la place. Marchez d'abord normalement, sans fixer le sol, en réalisant un circuit. Puis renouvelez le parcours, en accélérant l'allure cette fois, mais sans courir. Reprenez votre rythme naturel. Enfin, pour terminer cette série, décomposez les mouvements au maximum, comme dans un film au ralenti.

Dans un second temps, effectuez le tour de la pièce, en vous concentrant sur la partie du corps qui se pose habituellement la première au sol. Est-ce la plante du pied ? le talon ? la pointe ? À présent, refaites le parcours, d'abord en attaquant chaque pas avec le talon, puis avec la pointe.

Remarchez normalement, en imaginant que vous vous trouvez dans un lac peu profond ; sentez la résistance de l'eau et déplacez-vous en conséquence. Puis vous devenez un robot, vos mouvements sont saccadés, vos jambes et vos pieds pèsent une tonne. Vous marchez maintenant sur des œufs, attention à ne pas les briser.

Inventez ensuite d'autres façons de pratiquer cet entraînement, sur autant de nouvelles surfaces que possible, vous avez l'embarras du choix.

Une fois à l'aise avec cette première partie, essayez de mettre vos émotions au bout des pieds, le reste du corps demeurant neutre et détendu. Déplacez-vous normalement, puis ajoutez une à une les quatre émotions principales, comme dans l'exercice n°4, en modulant la façon dont vous posez les pieds, le rythme de la marche, l'allure, la lourdeur ou la légèreté des pas, le mouvement souple ou saccadé, etc. Commencez par la joie, puis la tristesse, la colère, enfin la peur.

N'hésitez pas à exporter ces exercices en ville ou à la campagne. Installez-vous tranquillement sur un banc dans une rue passante, un après-midi noir de monde. Observez les pieds des passants, suivez les pas de quelqu'un et tâchez de deviner dans quel état intérieur se trouve cette personne.

～ 16 ～

Brûlez l'argent dans la cheminée

L'argent n'apporte pas systématiquement le bonheur, c'est du moins ce que l'on aimerait croire, mais, pour une majorité, il contribue grandement à notre sentiment de bien-être. De nos jours, l'argent est ainsi devenu une cause de dépendance et d'addiction bien plus importante que l'alcool ou la drogue.

Une cure de sevrage, de temps à autre, ne sera pas inutile. À titre préventif. Pour ne pas confondre la valeur des biens ou du compte en banque avec la nôtre. Avant de devenir esclave de ces morceaux de papier qui nous brûlent les doigts. Et pour illustrer le propos, voici un test qui ne trompe pas.

Vous devez être capable de brûler un billet de banque, une fois par an en guise de piqûre de rappel. À la mesure de vos moyens, bien sûr, sans mettre votre sécurité financière en danger ; choisissez un montant suffisant pour que cela vous coûte, au sens propre comme au figuré.

Pensez à ce que vous auriez pu acheter avec et, comme dans la célèbre publicité, dites-vous que votre liberté et votre indépendance le valent bien. Vous le valez bien. Enfin, avant que tous ces zéros se transforment en ronds de fumée, inscrivez sur le billet, en grosses lettres rouges : « c'est moi qui suis maître de toi », sinon vous risqueriez de l'oublier.

Vous pensez, peut-être, qu'il serait plus utile d'offrir cet argent à un proche, à un mendiant, à une œuvre caritative ou à une association humanitaire, au lieu de le jeter bêtement. Mais le résultat serait alors fort différent. En donnant ce billet, vous ne le perdez pas vraiment, vous le troquez contre la satisfaction d'avoir accompli une bonne action ou d'avoir aidé une personne en difficulté. Vous achetez encore quelque chose. Alors qu'en le brûlant sans rien en échange, vous vous en libérez.

Variantes : laisser la menue monnaie dans les distributeurs automatiques ; jeter une pièce dans une fontaine sans faire de vœu ; remplir une tirelire puis la vider dans une rivière ; disposer régulièrement des pièces dans des endroits accessibles et incongrus du paysage urbain, pour voir qui va les remarquer et les ramasser.

À vous d'inventer d'autres moyens de jouer avec l'argent pour que ce ne soit pas lui qui, un jour, se joue de vous.

En complément, effectuez l'exercice n°60.

ॐ 17 ॐ

Voguez sans galère

La vie en général et la vie humaine en particulier se distinguent par l'alternance de moments d'activité et de détente, de tension et de relâchement, comme l'éveil précède le sommeil ou l'orgasme conclut l'excitation sexuelle. On retrouve aussi ce rythme dans la Nature, avec les saisons et la succession du jour et de la nuit. Le symbole, qui représenterait le mieux cette loi de la vie, ressemblerait à une onde ; ou une vague si vous préférez. Une vague qui monte et qui descend.

Pour s'en convaincre, il suffit de penser à la séquence familière de cinéma, où l'on découvre un malade allongé sur un lit et, à côté de lui, un écran affichant la courbe de son activité cérébrale. Quand cette onde régulière devient un simple trait horizontal, pas besoin de sous-titre ou d'un doctorat de médecine pour comprendre que le malheureux patient vient de rendre l'âme.

La capacité d'alterner les états de tension et de détente, caractérise une bonne santé, pas seulement physique. Au plan psychologique, il est également sain de savoir alterner les relations et la solitude, l'amusement et le sérieux, l'extraordinaire et l'ordinaire, la réussite et

la déception, la rencontre et la séparation, le changement et la continuité…

À long terme, la rupture de cette polarité physique
et psychique peut provoquer l'angoisse, le stress, la fatigue chronique ou la dépression, pour ne citer qu'eux.
L'exercice classique qui suit, vise à prévenir ces excès.

Il se pratique de préférence couché et les yeux fermés,
pour mieux ressentir les différentes parties du corps. Le
matin au réveil, il permettra de vous dynamiser pour
attaquer la journée ; le soir au coucher, il vous aidera à
vous détendre afin de recharger les batteries et de passer une bonne nuit.

L'objectif consiste à parcourir un à un vos muscles
principaux, en prenant bien le temps de les contracter
pendant cinq secondes sur l'inspiration et de les relâ-
cher durant un temps égal sur l'expiration. Concentrez-
vous au moins sur les pieds, les jambes, les cuisses, les
fesses, le ventre, le dos, les bras, les mains (serrez puis
desserrez les poings), les épaules, le cou, le visage (lèvres, mâchoires, narines, paupières). Enfin, tendez le
corps entier sur l'inspiration, comptez cinq secondes, et
lâchez au maximum pendant cinq autres secondes sur
l'expiration.

Répétez toute la séquence une dizaine de fois.

Avec l'entraînement, vous parviendrez à effectuer cet
exercice les yeux mi-clos, assis dans un bus, à votre bureau, dans un parc ou dans une salle d'attente.

❧ 18 ❧

Comptez les grains de riz

« La sagesse commence avec la répétition », dit un proverbe oriental. Le moins que l'on puisse dire, c'est que la route est encore longue, car nous n'aimons guère la répétition. Pour la plupart d'entre nous, elle définit plutôt l'ennui, l'impression de tourner en rond et de ne pas avancer, le train-train quotidien et ses wagons de monotonie, la vieillesse et la mort qui rôdent. L'eau stagnante en constitue la meilleure illustration.

L'opposé ? Un torrent de montagne vigoureux qui dévale les pentes, la nouveauté, le changement, l'aventure, les voyages, l'amour, les projets, la jeunesse, bref tout ce qui bouge, avance et caractérise la vie. D'où ces personnes qui ne supportent pas de voir leur existence, leur couple, leur profession stagner et qui, dès le moindre signe de lassitude, voudront déménager, démissionner ou changer de partenaire.

Mais comme nous l'avons vu à l'exercice précédent, la répétition et le changement forment un couple aux propriétés complémentaires. Car si la répétition constante nous empêche d'évoluer, le changement perpétuel nous prive de la sécurité et de l'identité apportées par un minimum de répétition, comme nous le rappelle l'étymologie commune des mots identité et identique. Pour bâtir une relation profonde ou réaliser un projet qui nous tient à cœur, il faudra dépasser la nouveauté et l'attrait des premiers instants.

À changer tout le temps, on ne reste qu'à la surface de soi, des autres et du monde.

Ce simple exercice vous permettra de fortifier votre rapport à la répétition. Pas de gymnastique ni d'apprentissage sans répétition. Et vous n'irez pas très loin dans la vie, non plus, si vous craignez la répétition, que ce soit dans votre couple, au travail, avec vos enfants, vos amis.

Prenez deux verres et remplissez-en un de riz. Passez les grains un par un, d'un verre à l'autre, en les comptant mentalement. Effectuez ensuite la manœuvre dans l'autre sens, afin d'être sûr du compte. Tant que vous n'obtenez pas le même nombre dans les deux cas, recommencez.

Quand vous réussirez l'exercice avec un kilo de riz, sans vous tromper, vous deviendrez un champion du quotidien.

❧ 19 ❦

Apprenez à échouer

Un jour ou l'autre, nous sommes tous confrontés à l'échec, petit ou grand, amoureux ou professionnel, douloureux ou formateur, parfois les deux. Même avec la connaissance, l'expérience et la chance, rien ni personne ne saurait nous garantir à cent pour-cent que tel choix de vie n'aboutira pas à une impasse ou à une souffrance. C'est le prix de la liberté : notre vie n'est pas écrite d'avance, c'est à nous de l'écrire, avec nos sens et notre sang, nos espoirs et nos doutes, nos rires et nos larmes, nos réussites et nos échecs.

Certains pensent que le meilleur moyen de réussir consiste à courir le moins de risques et, à trop vouloir éviter l'échec, paradoxalement, ils échouent.

Nous avons appris à lire et à écrire en commettant des fautes, à faire du vélo en tombant, à retrouver le chemin en nous perdant. Alors autant se préparer à l'échec et l'apprivoiser, comme le judoka s'entraîne à chuter.

Voici donc quelques exercices ludiques afin de fortifier votre relation à l'échec.

Commençons par une simple cuillère. L'objectif sera

de la jeter en l'air, au-dessus de votre tête, en lui faisant accomplir le plus de pirouettes possible, et de la récupérer par le manche avec la même main. Bien sûr, quand vous la raterez, elle risque de vous cogner en retombant. Souriez, vous vous entraînez. Dès que vous sentirez à l'aise avec cette première partie, compliquez le numéro en tournant sur vous-même pendant que la cuillère tourne dans les airs. Attention à ne pas la prendre sur la tête !

À présent, procurez-vous un œuf frais. Lancez-le aussi haut que possible et reprenez-le sans le casser, c'est réalisable. Dans un second temps, effectuez un tour sur vous-même, puis récupérez-le. Moins évident.

Et maintenant, le clou du spectacle. Prenez l'œuf dans une main, la cuillère dans l'autre, jetez-les ensemble et tentez de les ressaisir. Si vous arrivez à rattraper la cuillère avec l'œuf dessus, chapeau ! Puis croisez. Passez l'œuf d'une main à l'autre et la cuillère en sens inverse, et toujours en les lançant le plus haut possible, et en tournant sur vous-même.

Quand il y aura assez d'œufs éclatés par terre ou sur vous-même, vous pourrez vous reposer, vous l'avez bien mérité. Il ne vous restera plus qu'à nettoyer.

Inventez d'autres exercices similaires, difficiles à réussir, qui vous dérangeront un peu, en laissant des saletés ou en vous cognant légèrement, mais qui vous feront bien rire. Pensez aux entraînements d'art martiaux : apprenez à tomber et à vous battre psychologiquement pour vous préparer à l'adversité.

Mettez les mains dans la m....

Depuis la révolution sexuelle, le sexe est moins tabou qu'à une époque. Mais notre relation aux déchets corporels, les excréments notamment, reste aussi ambiguë et problématique. Les scènes de nu et de sexe ont envahi nos écrans, de même que les meurtres, les suicides ou la mort en direct, mais voir quelqu'un faire ses besoins génère un malaise et une répulsion tenaces. Il s'agit pourtant d'une nécessité aussi naturelle et essentielle que de boire et de manger. Ce sont les mêmes, d'ailleurs. Ce qui ressort de notre corps constitue une partie de ce que l'on a ingéré.

Se nourrir du positif est aussi important que d'éliminer le négatif. Mais l'un est vécu comme un bien, l'autre comme un mal. Jusqu'au mot merde, que l'on évite de prononcer, comme s'il portait malheur ou qu'il invoquait le mal absolu. Et cette éducation commence très tôt, quand on dit à l'enfant « c'est pas bien, caca », reprenant ainsi les divers sens du mot qui désigne, au figuré, une chose ou une personne sans valeur, une situation difficile ou désagréable.

Une crotte de chien n'égale pas un gâteau au chocolat, entendons-nous bien. Les tabous et les interdits culturels présentent un intérêt éducatif évident. Ce qui nous intéresse ici, c'est moins l'excrément en soi que le processus d'élimination, physique ou psychologique, fonction vitale dans tous les sens du terme.

Saviez-vous que, dans les monastères zen d'autrefois, les disciples rivalisaient pour avoir l'honneur de laver les vécés du maître ? Et que, ces mêmes bouddhistes, soutenaient qu'il n'y a aucune différence fondamentale entre le Bouddha et un bâton pour nettoyer la merde ? Comme nous sommes loin de cette sagesse. Mais essayons, malgré tout, de nous en approcher un peu. Avec l'exercice qui suit.

Cet entraînement permet de fortifier notre rapport aux excrétions corporelles, urine et excréments surtout, car nous entretenons généralement le même type de relation problématique avec les événements de la vie qui, comme le dit bien l'expression, nous emmerdent.

Le principe est simple. La prochaine fois où vous ferez vos besoins, avant de tirer la chasse, regardez et sentez ce que votre corps a évacué. Car ce qui sort de vous n'est pas honteux ou méprisable, que ce soit des matières, des mots, des actes ou des pensées. À répéter, pendant plusieurs jours, voire plus.

Dans un second temps, effectuez le même rituel, tirez la chasse, puis mouillez-vous les mains dans la cuvette, avant de les savonner au robinet. Vous ne devez pas vous sentir sali par ce que vous excrétez, expulsez, exprimez ou extériorisez.

❧ 21 ❧

Choisissez de ne pas choisir

La vie est une suite continuelle de décisions, parfois importantes, le plus souvent infimes, qui s'enchaînent, structurent et orientent notre existence et notre personnalité, produisant cette touche si particulière qui nous différencie des autres. La capacité de choisir, sans être forcé par les autres ou le monde extérieur, constitue le signe fondamental de notre liberté. Si, dans nos démocraties occidentales, cette liberté est un fait acquis, qu'en est-il de la liberté intérieure ?

Avons-nous vraiment le choix d'effectuer les choix que nous faisons ? Voyons cela de plus près.

Pourquoi préféré-je telle chaîne de télévision, telle émission, telle sorte de musique, tel groupe d'amis, tel type de travail, tel lieu de vacances, tel plat, alors que d'autres expriment des goûts opposés ? Et, a contrario, pourquoi j'évite ou je déteste telle personne, telle profession, tel genre de films, tel type de cuisine, alors que certains en raffolent ? Mes choix sont-ils meilleurs ? Si c'était le cas, il me faudrait soutenir que je ne suis entouré que d'imbéciles ou d'ignorants, ce qui, vous en conviendrez, semble une position difficile à défendre. Et nous changeons tous un jour ; ce qui composait nos préférences bascule parfois dans le camp de nos aversions, et il nous arrive d'adorer aujourd'hui ce que nous détestions hier.

Nos choix sont conditionnés par le poids du passé et par le contexte présent. Loin d'être objectives, nos décisions comportent donc un caractère subjectif plus ou moins prononcé. Et nous vivons ainsi prisonniers, à l'intérieur de nous-même. Prison dont nous sommes à la fois le prisonnier, le gardien, la serrure et la clé. Comment se libérer d'un piège pareil ? En choisissant, de temps à autre, de ne pas choisir.

L'astuce consiste à fonder la décision sur un élément extérieur arbitraire. Cette dépendance à l'extérieur peut, paradoxalement, nous libérer de l'intérieur, en permettant à notre esprit de s'ouvrir à des expériences et à des savoirs qui demeuraient inaccessibles sans cette ruse.

Commençons l'exercice par la télévision. Sur six petits morceaux de papier identiques, inscrivez le nom de six chaînes, trois que vous aimez, et trois que vous n'appréciez pas ou que vous ne regardez jamais. Pliez les papiers, mélangez-les et tirez-en un au hasard. Intéressez-vous, sans a priori, au contenu de cette chaîne, au moins pendant une heure et sans zapper (sauf pendant les publicités). Procédez de même avec la radio.

Variantes :
Au restaurant, choisissez au hasard les différents plats proposés. Mieux, demandez une carte des menus

rédigée dans une langue que vous ne comprenez pas.

Au café, commandez la même boisson que la personne la plus proche de vous à une autre table.

Au cinéma, allez voir le même film que l'inconnu devant vous dans la queue.

Chez le marchand de journaux, attendez l'entrée d'un client et achetez le même magazine que lui. Pareil dans une librairie, un magasin de musique ou une boutique de vêtements.

Pour votre week-end, procurez-vous un plan de la région, fermez les yeux et pointez votre index au hasard. Partez découvrir cet endroit.

En complément, effectuez l'exercice suivant.

๛ 22 ๛

Changez d'histoire

Dans la continuité de l'entraînement précédent, voici un exercice ludique de créativité. L'idée consiste à trouver/créer des réponses alternatives à celles qui sont produites automatiquement par notre cerveau conditionné par les expériences du passé. Si la mémoire nous évite de recommencer sans cesse les mêmes expériences et les mêmes erreurs (pas la peine de réinventer la roue), c'est une arme à double tranchant, car le présent ne ressemble jamais totalement au passé, surtout avec des phénomènes vivants, comme les relations humaines.

Ce que l'on a appris avec tel homme ou telle femme ne convient pas toujours à l'ensemble des hommes et des femmes. Et la manière d'être avec une personne, au début d'une relation amoureuse par exemple, n'est pas forcément adaptée après deux ans de vie commune. Nous croyons connaître l'autre et nous connaître nous-même, mais ce savoir correspond au passé, à un événement qui a déjà eu lieu, qui est mort d'une certaine façon. Le présent, lui, est toujours nouveau, toujours vivant. Si nous ne voulons pas nous retrouver déconnecté et inadapté à ce présent, nous devons régulièrement questionner nos réponses passées et les modifier, si nécessaire.

Le principe de l'exercice consiste à changer la fin d'histoires célèbres, comme les fables de La Fontaine. Je vous propose, pour démarrer, six des plus connues ; à vous de continuer l'entraînement avec d'autres fables ou des contes de fées tels Blanche-Neige ou Le Petit Poucet, vous avez l'embarras du choix.

Pour chaque fable, je résumerai l'intrigue et la fin classique à laquelle vous devrez trouver une alternative crédible. L'idéal serait même de créer au moins trois à cinq fins différentes. Prenez le temps de les écrire en détail.

. *Le Lièvre et la Tortue* décident de faire une course. Le Lièvre, sûr de gagner, s'amuse, se repose et fait tout autre chose, pendant que la Tortue avance péniblement à petits pas. Dans la version classique, le Lièvre se rend compte, trop tard, que la Tortue est proche de franchir la ligne d'arrivée ; il a beau courir de toutes ses forces, il perd la course. Inventez d'autres fins. Par exemple : le Lièvre gagne ; la Tortue l'emporte mais pas comme dans la version de La Fontaine ; la course est annulée pour une quelconque raison ; ils sont à égalité ; l'un des deux triche, etc.

. *La Cigale et la Fourmi.* La Cigale, ayant chanté tout l'été, ne trouve rien à manger quand arrive l'hiver. Elle va donc trouver la Fourmi, sa voisine, pour lui demander quelques grains afin de tenir jusqu'au retour de la belle saison. Vous connaissez la fin : la Fourmi refuse d'accéder à la demande de la Cigale et se moque d'elle, en lui disant de danser maintenant, puisqu'elle a passé tout l'été à chanter au lieu de se constituer des provisions. Terminez autrement l'histoire.

. Le Corbeau et le Renard. Le Corbeau, sur un arbre perché, tenait dans son bec un appétissant fromage dont l'odeur attira le Renard affamé. Dans la fin connue, le Renard use d'un stratagème pour obliger l'oiseau à lâcher le trésor qu'il convoite : il flatte le Corbeau qui ouvre alors son bec pour exprimer son contentement. D'autres dénouements sont possibles.

. La Poule aux œufs d'or. Un fermier possédait une poule qui pondait chaque jour un œuf en or. Mais ce bienfait ne lui suffisait pas. Croyant qu'un tel animal devait forcément renfermer un fabuleux trésor dans ses entrailles, il éventra la pauvre bête et la tua, en vain. Car non seulement il ne trouva aucun trésor, mais il n'eût plus jamais de nouveaux œufs d'or. Concluez différemment cette parabole.

. Le Renard et la Cigogne. Le Renard décide d'inviter la Cigogne à manger chez lui et se moque d'elle en lui servant du potage dans une assiette plate. La Cigogne repart le ventre creux, mais jure de se venger. Ce qu'elle fait peu après, en lui retournant l'invitation. Le Renard se lèche déjà les babines, à l'odeur d'une appétissante viande, mais, malheureusement pour lui, la Cigogne lui sert son repas dans un vase avec un col long et un goulot étroit. Changez la chute.

. *La Grenouille qui voulait se faire aussi grosse que le Bœuf.* La Grenouille croise un Bœuf et se sent alors bien minuscule en comparaison. Envieuse, elle décide de gonfler et gonfler jusqu'à devenir aussi grosse que lui, mais elle finit par éclater. Inventez une autre issue à cette fable.

Après cet échauffement, attelez-vous à vos propres histoires, celles que vous vous racontez sur votre passé, sur vous, sur votre vie. Celles dont vous rêvez, éveillé ou endormi, et qui produisent aussi vos cauchemars. C'est le sujet du prochain exercice.

❧ 23 ❧

Changez vos cauchemars

Nous avons tous vécu, un jour ou l'autre, un cauchemar, et nous avons souvent espéré qu'il ne revienne pas nous hanter les nuits suivantes, à défaut de parvenir à agir directement dessus. Pour le chasser, il suffit parfois d'en trouver le sens, tout seul ou avec l'aide d'un psy. Mais le mauvais rêve peut réapparaître, sans lien forcément avec le vécu de la journée ou la date anniversaire d'événements traumatiques. Essayons au moins de le transformer, avec l'exercice suivant, comme si nous traversions l'écran pour changer le déroulement d'un film.

C'est le même cerveau qui agit de jour comme de nuit. Les pensées et les émotions qui s'inscrivent en nous, pendant l'état de veille, influencent nos rêves et nos cauchemars, chacun a pu le vérifier. Alors arrachons le cauchemar à l'obscurité du sommeil pour l'examiner à la lumière de l'éveil, et modifions-le à notre avantage.

Dans la plupart des cas, ce petit grain de sable suffit à faire dérailler le scénario du cauchemar ; qui ne se dissipe pas toujours après la première tentative. Mais, en s'y prenant à plusieurs reprises, il s'estompe généralement pour revêtir une forme plus supportable, voire il ne réapparaît plus jamais. Expérimentez ; sortir de la position passive, induite par le sommeil, modifie déjà un peu la teneur des rêveries nocturnes.

Prenez un cauchemar récent ou ancien, dont vous craignez le retour, et détaillez-le par écrit sur votre cahier d'exercices, en vous arrêtant juste avant que vous ou un proche ne meure, ou que la scène redoutée n'apparaisse. Puis changez le maximum de détails et réécrivez cette nouvelle version. Quittez votre siège de spectateur pour devenir auteur réalisateur.

L'histoire se déroule la nuit à la campagne ? déplacez-la en ville durant la journée (et réciproquement). Changez la couleur de la voiture, des vêtements, des maisons. Le chien qui apparaît, transformez-le en chat. Modifiez la taille de l'ombre ou de l'ennemi, le ton de sa voix, sa distance par rapport à vous ; mettez-lui une perruque ou des habits de clown. Remplacez la pluie par un soleil éclatant et le silence pesant par une musique agréable. Si vous êtes seul face à vos monstres intérieurs, ajoutez un personnage imaginaire de confiance : un animal, un héros, une fée, un mentor ou un magicien. Remaniez tout, réécrivez tout, à l'exception de l'action principale, jusqu'à ce que le décor vous convienne.

Laissez s'écouler une nuit, observez ce qui se passe et, dès le lendemain, reprenez le scénario là où vous l'aviez laissé. À présent, vous devez supprimer la personne ou le danger qui est la cause centrale du cauchemar. Par des procédés magiques exclusivement, c'est-à-dire des moyens appropriés au monde du rêve. Votre doigt peut se métamorphoser en rayon laser qui désintègre le monstre. Votre crachat, devenu un acide très corrosif, va ronger et anéantir l'ombre ou la menace. Si vous tombez dans un trou noir, un puits ou une falaise, imitez l'homme-araignée et projetez de vos paumes des fils qui vont s'accrocher aux parois, ce qui vous permettra de remonter à la surface sain et sauf. Inspirez-vous de films, bd ou lectures fantastiques.

L'histoire doit s'achever en happy end, avec la disparition définitive du danger.

Il arrive parfois, dans certains cauchemars, que l'ennemi corresponde à un double négatif de soi. Dans ce cas, il n'est évidemment pas question de le détruire, mais de le réintégrer après lui avoir enlevé son potentiel destructeur. Là encore, montrez-vous imaginatif, en utilisant des méthodes magiques qui vont réhabiliter cette partie sombre qui vous a échappé.

Avec l'entraînement, passez à la seconde étape. Cette fois, il s'agit de transformer la trace négative laissée par un événement passé. Le principe est similaire. Le passé est passé, comme on dit, ce qui reste est constitué de pensées et d'émotions qui forment un mauvais scénario que l'on tourne en boucle dans sa tête.

Traitez cette séquence comme un rêve, ce qui ne signifie pas que vous l'avez inventée, mais le souvenir s'apparente plus au rêve qu'à la réalité. Aujourd'hui, ce qui vous fait mal, ce n'est pas une expérience présente et concrète, mais un souvenir qui vous hante comme un horrible cauchemar.

À côté du souvenir officiel, créez-en un autre,

concurrent, qui ressemble au premier, mais que vous modifierez le plus possible, afin qu'il se termine à votre avantage, comme dans la première partie de l'exercice. Ce qui est passé ne change pas, mais il est possible d'en assouplir l'impact sur le présent et l'avenir. Peut-être ces événements négatifs deviendront-ils plus légers et distants, pareils à un rêve. Un mauvais rêve qui s'évanouit et que l'on oublie dès que l'on allume la lumière.

❧ 24 ❧

Broyez du noir

« Voir la vie en rose » et « la positive attitude » sont
devenus les leitmotivs du discours dominant sur le
bien-être et le bonheur, comme si la pensée négative
n'était que négative, justement. L'idéal consisterait à la
faire disparaître pour que règne le grand Positif et qu'il
ne subsiste plus aucune ombre au tableau. Mais, comme je le répète à longueur de lignes dans cet ouvrage et
les précédents, la vie est constituée de deux forces opposées et complémentaires. Nous avons autant besoin
de l'une que de l'autre.

La force positive nous nourrit de toutes les choses
qui nous font du bien, que ce soit des aliments, des
personnes, des idées, des projets, etc. La force négative
nous protège de tout ce qui pourrait nous mettre en
danger ou nous faire du mal. Et des deux, c'est la seconde qui prime.

Imaginez, en effet, que vous soyez affamé et que
vous aperceviez un pommier plein de fruits bien mûrs
et appétissants. Vous vous approchez, mais vous découvrez qu'un serpent s'est installé dans l'arbre. Avant de

cueillir une pomme pour vous nourrir, il serait plus sage de vous occuper du serpent pour ne pas mourir. Quand vous aurez été piqué et que le venin commencera à couler dans vos veines, la pomme ne vous sera plus d'aucun secours (vous n'êtes pas dans un conte de fées), alors qu'il sera toujours temps d'apprécier votre repas, une fois le serpent mort ou mis en fuite.

C'est pourquoi, malgré notre bonne volonté de tout positiver, nous ne pouvons pas nous empêcher de penser au pire, à l'échec, aux accidents, à la maladie, à la mort. Nous ne sommes pas morbides, dépressifs, ou pessimistes de nature, c'est simplement notre cerveau et notre corps qui tentent d'anticiper le négatif, pour mieux s'y préparer.

Malgré l'utilité de cette pensée noire, nous avons parfois tendance à exagérer, surtout avec l'avancée en âge ; le remède s'avère alors pire que le mal. À trop voir la vie en noir, nous n'arrivons même plus à profiter du parfum des roses.

Voici, à cet effet, un petit exercice préventif.

Établissez la liste des accidents, problèmes, échecs et catastrophes qui auraient pu vous arriver dans le passé et qui n'ont finalement pas eu lieu (vous devriez parvenir à remplir des dizaines de pages sans effort). Puis, sur d'autres feuilles, répertoriez les innombrables malheurs à venir que vous redoutez. Comparez les deux listes.

Dans un second temps, dressez la liste de toutes les bonnes choses passées, grandes ou petites, que vous n'aviez pas prévues, mais qui sont pourtant arrivées.

Puis listez tout le positif que vous espérez pour le futur.
Comparez.

Mangez sans les mains

Jusqu'ici, je vous ai donné le pourquoi et le pour quoi, la raison et l'objectif psychologiques de chaque exercice. Cette fois-ci, je me contenterai de vous proposer quoi faire ; à vous de trouver un sens à cet entraînement.

Dans la vie, vous ne disposerez pas toujours d'explications rassurantes et prêtes à l'emploi qui justifieront vos actions ou celles des autres. Vous devrez donner un sens à des situations qui pourront vous paraître, de prime abord, bizarres, incongrues, insensées et qui ne correspondront pas à votre logique et à vos manières de penser.

Le titre de l'exercice est assez explicite et se passe de commentaires. Installez-vous confortablement devant votre assiette remplie de votre repas et mangez tout le contenu sans vous servir de vos mains, comme si vous étiez une vache qui broutait l'herbe. C'est tout.

À pratiquer régulièrement.

❧ 26 ❧

Enfermez-vous dans un placard

Un jour, qui sait, vous serez confronté à telle situation au travail, en couple ou en famille, à telle maladie ou à un événement de la vie qui, pour vous, ressemblera aux quatre murs d'une prison. Vous vous sentirez démuni, impuissant et vous envisagerez peut-être de fuir cette réalité oppressante. Démissionner, demander le divorce ou, à l'extrême, chercher à s'évader de la vie en songeant au suicide, peut momentanément vous délivrer de cette geôle pour vous jeter dans une autre encore plus petite, plus noire, plus étouffante. Alors pour ne pas prendre trop précipitamment une décision, que vous risqueriez de regretter, voici un excellent exercice de liberté intérieure.

Enfermez-vous dans un placard, avec de quoi boire, manger et vous occuper, et tentez d'y demeurer le plus de temps possible, seul bien sûr, et en vous sentant bien ou pas trop mal. Vous ne devez en sortir que pour faire vos besoins. Mieux, enfermez-vous dans les vécés, s'ils sont suffisamment étroits. Battez régulièrement votre record. L'intérêt ? Apprendre à être libre dans sa tête, quand on ne peut pas l'être à l'extérieur.

27

Jouez avec les contraintes

La vie est constituée de plaisirs et de contraintes. Et, pour la majorité d'entre nous, le but consiste à connaître le maximum de plaisirs avec le minimum de contraintes. Mais malgré nos efforts, nous n'arriverons jamais totalement à éliminer ces dernières ; nous resterons, qu'on le veuille ou non, toujours dépendants du monde dans lequel nous vivons.

Même si vous vivez seul, dans une grotte isolée sur une montagne, avec de la nourriture à foison, vous serez soumis à la contrainte du temps et du vieillissement, et d'autres imprévus, comme l'éruption d'un volcan, un tremblement de terre, l'arrivée inopportune d'une horde touristique venue pratiquer un stage d'ermite, l'apparition d'une bête sauvage qui mettra votre vie en danger, la maladie des arbres fruitiers qui composaient votre verger naturel, l'annexion de votre territoire vierge par un groupe armé, etc.

Assouplir et fortifier notre rapport aux plaisirs et aux contraintes, c'est expérimenter que le plaisir peut devenir une contrainte (cf. exercice n°30) et, à l'inverse, que l'on peut trouver de l'intérêt et du plaisir dans les contraintes ; c'est l'objectif de cet entraînement.

Nous tolérons mieux les contraintes et les interdits quand ils paraissent justifiés. Malheureusement, ils sont arbitraires la plupart du temps, ce que nous supportons mal. Pourquoi faut-il s'arrêter au feu rouge et pas au vert ? Pourquoi cet accident est-il arrivé à l'un de vos proches et pas à d'autres conducteurs ? Pourquoi avez-vous telle maladie génétique et pas votre voisin ? Pourquoi n'êtes-vous pas né dans une famille plus aisée financièrement ? Pourquoi, malgré vos qualités, êtes-vous licencié, rejeté par cet ami, abandonné par votre partenaire ? Pourquoi votre enfant n'est-il pas aussi doué que Mozart ou Einstein ?... D'où l'intérêt de s'imposer régulièrement des petites contraintes purement arbitraires, et d'y prendre goût.

Choisissez une chaise au hasard, chez vous, dans laquelle vous avez l'habitude de vous asseoir, marquez-la d'une croix rouge et renoncez à l'utiliser, un mois durant. Puis procédez de même avec un bol, une assiette ou tout autre objet usuel de votre quotidien.

Variantes :
Collez une feuille par terre, dans la pièce où vous circulez le plus, et évitez-la sans jamais marcher dessus, pendant une semaine.

Tracez une ligne rouge verticale, au milieu de l'un des murs de votre chambre ; dans la partie droite, vous avez le droit d'accrocher ou de dessiner ce que vous voulez ; la partie gauche doit, par contre, rester une zone vierge interdite. Procédez de même avec un pla-

card : les étagères de gauche seront parfaitement ran-
gées, celles qui se trouvent à droite demeureront dans
le désordre. Poursuivez avec la chambre de vos enfants,
ce sera l'occasion d'une leçon éducative sur les limites
et les interdits.

Plus amusant : dessinez un clavier numérique sur
une petite fiche cartonnée et fixez-la devant votre porte
d'entrée. Tirez au hasard un nombre à quatre chiffres
et composez ce code virtuel pendant un mois, avant
d'ouvrir la porte de chez vous. Changez régulièrement
de code.

En complément, effectuez l'exercice n°48.

28

Plongez dans le vide

On a coutume de dire que la Nature a horreur du vide, mais elle s'en accommode très bien, tellement bien qu'elle en est pleine. L'ensemble de l'univers serait formé à 99,99 % de vide. Si vous pouviez enlever le vide de tout ce que comprend notre planète (terre, eau, air, montagnes, plantes, animaux, humains, objets, immeubles, voitures…), ce qui resterait, une fois le vide supprimé, tiendrait dans le creux de votre main !

En plus de caractériser l'essentiel de ce qui nous constitue, le vide a aussi son utilité. Prenez ces lignes, que vous êtes en train de lire ; si le fond de la page n'était pas blanc, c'est-à-dire vide d'encre, vous auriez plus de difficultés pour lire. Pareil pour le silence entre les notes de musique. Enfin, méditez sur les cavités nécessaires au bon fonctionnement de notre corps biologique. Si les narines, la bouche et l'anus n'étaient pas troués, comment ferions-nous pour respirer, manger et évacuer ? Comment le sang coulerait-il dans les veines, si elles n'étaient pas creuses, vides ?

C'est donc nous, avant tout, qui avons horreur du vide, ce vide synonyme d'absence, de manque, de solitude, de perte, de séparation et, en définitive, de mort. Mais puisque le vide est utile et se trouve partout, même si nous l'ignorons ou nous ne voulons pas le voir, le mieux c'est encore de l'apprivoiser, avec l'exercice qui suit.

Commencez par les murs de chez vous. Décrochez les objets divers et vivez durant quinze jours dans ce décor épuré. Idem avec les bibelots décoratifs. Puis remettez tout en place, comme avant. Parcourez vos placards, vos murs, et demandez-vous ce que vous pourriez enlever sans que cela vous angoisse trop.

Effectuez le même genre d'exercice avec l'espace sonore. Quel est le bruit de fond habituel (télévision, radio, musique) que vous mettez pour combler le silence ? Durant une semaine, coupez le son, sauf quand vous avez décidé de vous concentrer sur l'écoute d'une émission ou d'une mélodie. Puis combinez les deux : pendant un temps, videz une partie de votre espace visuel et sonore. Pour voir. Et entendre le son du vide.

Bien sûr, il n'y a pas que les objets qui servent à combler le vide, il y a aussi les personnes, les activités, les projets, les aliments, l'alcool, l'argent, les lectures, les croyances, les savoirs, les problèmes, etc. Après cet échauffement, peut-être ressentirez-vous l'envie de faire un peu le vide dans votre vie, pour moins étouffer, pour libérer un peu d'espace, pour mieux respirer.

(cf. l'exercice complémentaire n°3).

❧ 29 ❧

Brisez le miroir

Nous croisons régulièrement sur notre route des gens qui nous tendent un miroir déformant. Selon eux, nous serions nul, moche, incapable, bon à rien, égoïste, manipulateur, ils ne nous apprécient pas voire ils nous détestent, et ils nous accusent même, parfois, d'être responsable de leurs souffrances. Bref, en un mot comme en cent, l'image qu'ils renvoient nous dérange, parce que nous prenons ce reflet pour notre véritable identité (cf. exercice n°13).

Si l'image de nous est positive, c'est que nous sommes bien, pensons-nous ; si elle est négative, nous sommes mal, nous avons mal. Comme si notre entourage parvenait à nous blesser, en piquant juste des aiguilles sur une de nos photos, pareil aux jeteurs de sort dans certaines cultures. Mais, en réalité, les autres ne possèdent pas ce pouvoir magique ; c'est nous qui leur donnons. En nous attachant trop à notre image positive. Et nous risquons alors, comme le pauvre Narcisse, de nous noyer dans notre reflet.

Ce mythe, de nos jours, a largement supplanté celui

d'Œdipe. Nous vivons en effet à une époque où l'image est influente et omniprésente, où le complexe œdipien d'autrefois a laissé la place à un conflit narcissique entre nous et l'image idéalisée de nous-même. Narcisse tombe amoureux de son reflet à la surface de l'eau et meurt de ne pas parvenir à atteindre cet amour idéal, qui disparaît dès qu'il essaie de le toucher. Nous fonctionnons parfois de la sorte.

Vous valez plus que votre image, vous êtes plus que vos reflets. Prouvez-le-vous, avec l'exercice qui suit.

Récupérez une photo de vous, que vous aimez bien, où vous êtes seul à l'image, et faites-lui un sort, comme si vous teniez le portrait de votre pire ennemi. Et il s'agit un peu de cela : nous traversons régulièrement des passages dans la vie où nous devons mener un combat avec nos images internes et, dans ces moments cruciaux, vaut mieux que ce soit elles qui cèdent plutôt que nous.

Alors dessinez-vous des sourcils monstrueux, tordez les yeux, le nez, la bouche, agrandissez les dents et les oreilles, gribouillez les cheveux, tachez-la avec du café, du gras, ou crachez dessus, jusqu'à ce que cette représentation de vous-même vous paraisse suffisamment moche (elle doit plus vous dégoûter que vous amuser).

Quand vous en aurez assez, rejoignez la salle de bains, pas pour vous nettoyer le visage, mais pour coller cette mauvaise caricature sur votre miroir de manière à ce qu'elle recouvre votre reflet. Regardez-vous tranquillement pendant quelques minutes.

Prenez conscience que, lorsqu'un individu vous juge,

il prend une photo de vous, avec son appareil intérieur ; c'est une loi de l'optique psychologique. Et, selon toute vraisemblance, en lieu et place d'un dieu omniscient, vous n'avez, face à vous, qu'un humain ; un mortel marqué par d'autres rencontres, avec une mémoire affective, des désirs, des peurs, des a priori, des certitudes et des doutes. Son appareil photo possède donc des filtres qui déforment la réalité (cf. exercice n° 2). Entre son image et vous, il y a toujours un écart, similaire à l'écart qui vous sépare de vos reflets.

Décollez à présent votre photo, prenez un ciseau ou une aiguille et transpercez, découpez votre image ; déchirez-la en mille morceaux jusqu'à en faire des confettis, que vous jetterez, pour finir, à la poubelle. Et n'hésitez pas à renouveler l'exercice avec autant de photos que vous le souhaitez ; on ne se méfie jamais assez de ses images. Quand vous commencerez à vous ennuyer ou à y prendre trop de goût, ce sera le moment de passer à la suite.

Et pourquoi ne pas réaliser le même entraînement avec les photos de proches que vous aimez beaucoup ? Que préférez-vous : l'image que vous avez d'eux ou ce qu'ils sont ?

Après cet échauffement, procurez-vous un petit miroir, inutile ou déniché exprès pour l'exercice. Regardez-vous dedans, durant un instant, puis crachez dessus sans retenue. Prenez le temps d'observer la salive qui coule sur votre reflet. Puis passez-vous la main sur le visage et ressentez votre peau restée au sec. Maintenez ces deux informations un temps dans votre esprit, en observant votre reflet et en sentant simultanément votre visage.

À présent, attrapez un marteau et regardez-vous à nouveau dans le miroir avant de le briser. Vérifiez bien que vous n'avez rien de cassé et que votre visage ne saigne pas.

Pour ne pas vous arrêter en si bon chemin, expérimentez dans la foulée l'exercice n°39.

❧ 30 ❧

Devenez boulimique

« Connais-toi toi-même. » Qui n'a jamais entendu ou lu cette maxime popularisée par le philosophe Socrate et inscrite, à l'origine, au fronton du temple d'Apollon à Delphes ? Une autre sentence, moins connue aujourd'hui mais toute aussi importante à l'époque, était gravée à côté de la précédente et se résumait à ces trois mots : « rien de trop ».

Si nous nous méfions, par nature, des choses négatives (cf. exercice n°10), nous oublions trop souvent qu'un excès de positif peut se transformer en son inverse. Le même repas, le même verre de vin, le même acte sexuel, la même lecture ou le même film consommés vingt fois de suite, sans s'arrêter, ne procureront pas du tout le même plaisir qu'en quantité habituelle. Généralement, l'expérience produit plutôt du déplaisir, du dégoût voire l'envie de vomir, comme dans les comportements boulimiques.

On peut avoir une boulimie de nourriture, mais aussi de relations, d'amour, de réussite, de reconnaissance, d'action, de parole, d'achat, de jeu, de sexe, de drogue, etc. En fait, de tout ce qui de près ou de loin nous apporte du plaisir, c'est dire si la liste est longue. Certains, à l'extrême, iront jusqu'à tuer ou se tuer, pas amour, par overdose de plaisir, par excès de positif.

L'exercice qui suit vise à assouplir notre rapport aux choses positives, dont nous devrions aussi apprendre à nous méfier.

Débutez par votre musique favorite. Écoutez-la en boucle, jusqu'à ce que le plaisir devienne lassitude puis déplaisir. Procédez de même avec votre plat ou votre boisson préférés, votre film culte, votre livre de chevet, vos violons d'Ingres.

❧ 31 ❧

Retournez en enfance

Nous sommes constitués de trois parties assez distinctes et complémentaires que l'on pourrait, en simplifiant, appeler le corps, le cœur et l'esprit, ou, pour l'exprimer autrement, les instincts, les émotions et la raison.

Pour commencer par le haut, la raison caractérise notre côté adulte, raisonnable et conscient, qui pense, réfléchit, analyse. La partie basse, c'est notre composante animale, la force de vie à l'état pur, nos instincts de survie qui nous poussent à manger, dormir, se protéger. Entre les deux, les émotions sont le règne de notre côté enfant.

Quand on souffre, on n'est plus raisonnable, logique, on redevient un enfant, faible, irritable, boudeur, pleurnicheur, on se sent rejeté, abandonné, bon à rien, culpabilisé. Notre côté adulte tente de raisonner cet enfant, et notre entourage nous dit ouvertement d'arrêter nos enfantillages, mais rien n'y fait ; les émotions ne sont pas rationnelles, du moins pas au sens où notre tête le voudrait. Apprivoiser ses émotions, c'est apprivoiser son côté enfant, le nourrir, l'utiliser par moments, peut-être pas pour construire une maison ou faire ses comptes bancaires, mais pour construire ses relations affectives et guérir de ses souffrances.

L'intelligence émotionnelle, c'est cela, c'est l'intelligence de l'enfant que nous portons tous en nous. Voici quelques petits exercices afin de cultiver cette intelligence du cœur.

Prenez plaisir à lire ou relire, voir ou revoir, des livres, des films pour enfants, et effectuez-le seul, bien sûr, sans vos enfants. En leur présence, votre statut de parent risque de compromettre l'intérêt de cet entraînement.

Redécouvrez des jeux de votre enfance ou des objets fétiches, comme une poupée, des peluches ou tout autre doudou.

Et n'hésitez pas à régresser volontairement, durant un temps court et limité. N'ayez pas honte, vous ne perdrez pas votre côté raisonnable pour autant et vous ne vous conduirez pas comme un irresponsable qui ne sait plus ce qu'il fait. Vous découvrirez, au contraire, que lorsque notre côté enfant est bien assumé, il permet à notre côté adulte de bien se développer.

Achetez-vous une sucette ou un biberon personnels et, de temps à autre, savourez le plaisir de téter pour boire de l'eau, un jus de fruit ou votre boisson favorite. Marchez à quatre pattes. Criez, pleurez, roulez-vous par terre, laissez régulièrement votre enfant intérieur s'exprimer, si vous ne voulez pas que, à trop le laisser de côté, il vous oblige un jour ou l'autre à vous plier par

terre de douleur ; mais, ce jour-là, ce ne sera ni un jeu
ni une partie de plaisir.

❧ 32 ❧

Changez de parti pris

La curiosité constitue une des bases de la créativité, qui est une des clés de la capacité à changer et à trouver des solutions aux problèmes que nous rencontrons à un moment ou un autre, dans la vie.

Je peux être curieux de tout ce qui confirme et conforte ce que je crois et sais déjà ; cette curiosité-là consolide mes valeurs et mon savoir, elle me donne la sécurité et la force des certitudes. Et je peux m'intéresser aux expériences et aux connaissances qui s'éloignent voire qui s'opposent à ces mêmes valeurs, savoirs et certitudes. Cette deuxième curiosité est plus risquée, car elle peut générer le doute et fragiliser les fondements de mes actes et de ma personnalité. Mais, sans elle, je n'aurai pas la souplesse et l'ouverture d'esprit afin de changer au moment opportun.

Voici un exercice pour aller dans ce sens.

Intéressez-vous, sincèrement, au parti politique qui a des opinions opposées aux vôtres ; surfez sur le Net, lisez des livres, soyez incollable sur le sujet, comme si vous étiez un militant de la première heure. Il s'agit juste de changer de parti pris pendant une semaine, pour voir ; vous reprendrez vos idées et vos certitudes après.

Quelles différences et ressemblances notables trouvez-vous entre leurs idées et celles auxquelles vous adhérez ? Quelles sont leurs propositions utiles et leurs critiques pertinentes qui amélioreraient significativement le programme de votre parti ?

Pratiquez le même entraînement avec les croyances religieuses, philosophiques, psychologiques, sociologiques, scientifiques, ésotériques, etc.

Et, de manière générale, intéressez-vous aux cultures qui ne sont pas les vôtres. Comment vit cette tribu d'Océanie, d'Amazonie, du Pôle Nord ou d'Afrique Noire ? Comment vivait ce peuple aujourd'hui disparu ? Quels sont leurs coutumes, leurs croyances, leurs valeurs, leurs mythes, leurs rites, leurs façons de souffrir, de guérir et d'être heureux ? Que pensent-ils de notre civilisation ? Comment dit-on aimer, chanter, rire, pleurer, vivre, mourir… dans leur langue ?

Là encore, Internet, à ce sujet, est une mine inépuisable. Cherchez des photos, des cartes, des vidéos, faites comme si vous prépariez un examen dans une semaine. Réalisez des fiches, un dossier, discutez-en autour de vous, partagez ce que vous avez découvert.

Ouvrez grand votre esprit pour laisser entrer le monde, ouvrez-le grand pour accueillir les milliards d'humains passés, présents et à venir.

Ouvrez-vous à l'inconnu.

Ouvrez-vous à l'inconnu qui est en vous.

❧ 33 ❧

Marchez à l'envers

Les yeux, les oreilles, le nez, les mains et la plupart des sens nous servent surtout à percevoir la réalité devant nous, à la différence de certains êtres vivants dont les yeux peuvent tourner à trois cent soixante degrés, tels des gyroscopes. Pour notre espèce, dès lors, tout ce qui vient par-derrière est potentiellement synonyme de danger, parce que nous ne sommes pas équipés pour le sentir, le voir, le distinguer.

Dans les films, nous sursautons quand le personnage dans l'ombre arrive brusquement dans le dos du héros ; cela fonctionne à tous les coups. En comparaison, les ennemis qui viennent de face nous apparaissent moins inquiétants.

C'est aussi dans le dos, la nuque et au bas des reins qu'iront se localiser les tensions physiques liées aux peurs psychologiques que nous avons du mal à évacuer.

Cet exercice vise à développer un troisième œil derrière la tête, afin de fortifier notre relation à la peur.

Entraînez-vous chez vous, dans votre salon par

exemple. Parcourez-le d'abord en avant, afin de visualiser l'itinéraire, puis plusieurs fois à reculons, sans tourner la tête en arrière pour anticiper les obstacles. Sentez-les, reculez lentement un pied et tâtez le terrain si vous n'êtes pas sûr du déplacement. Puis compliquez-vous la tâche, en semant des objets divers que vous devrez éviter.

Variante : tenez-vous à la rampe et montez les marches à reculons.

❧ 34 ❧

Dormez sans dormir

Avec la respiration et la nourriture, le sommeil constitue l'un de nos trois besoins fondamentaux, et qui dit besoin, dit aussi dépendance. Une de nos différences essentielles avec les animaux, c'est qu'ils restent dépendants de leurs besoins ; nous, nous pouvons apprendre à nous en détacher, pour devenir plus autonomes et plus libres.

Dormir a certaines analogies avec la mort : le silence, le noir, la position couchée, l'inconscience… d'où la difficulté qu'éprouvent certains à s'abandonner dans le sommeil ; mais c'est aussi un refuge, une sécurité, quand le monde nous agresse, nous stresse ou nous inquiète.

Comme précédemment avec les besoins de respirer et de manger (exercices n°3 et 6), l'exercice qui suit consiste à assouplir notre dépendance à la nécessité de dormir et au besoin de sécurité qui l'accompagne.

Une fois par an, volontairement et sans autre raison que cet entraînement, ne dormez pas et trouvez d'autres moyens pour vous reposer. Profitez de l'occasion pour expérimenter des activités que vous n'auriez pas effectuées sans ces heures d'éveil supplémentaires.

∿ 35 ∿

Crachez votre venin

La colère, une de nos quatre émotions fondamentales (cf. exercice n°4), est une composante d'une dimension plus globale, que l'on retrouve chez la plupart des êtres vivants : l'agressivité. Cette dernière sert, d'une part, à se nourrir du positif, ce que l'on appelle plus communément l'agressivité prédatrice ; on observe cette qualité chez un individu qualifié de battant (cf. exercice n°12). Et, d'autre part, elle permet de se protéger des personnes et des situations négatives qui pourraient nous blesser, tant physiquement que psychologiquement. À ce titre, l'agressivité est nécessaire à la vie ; à condition d'être bien dosée.

Quand notre système immunitaire, garant de notre identité et de notre sécurité biologiques, n'est pas assez agressif, on parle, assez justement, de dépression immunitaire : nos cellules tueuses, devenues trop gentilles, laissent passer les virus qui, eux, ont moins d'états d'âme et nous tuent à petit feu. À l'opposé, un système immunitaire trop agressif ne fera plus la différence entre soi et non-soi, développant des maladies auto-immunes qui aboutiront au même résultat : la maladie et la mort.

Un principe analogue existe en psychologie : l'agressivité caractérise notre système immunitaire psy, garant de notre identité et de notre sécurité intérieure. Une personnalité trop gentille ne sera pas assez affirmative pour s'imposer quand les événements l'exigeront, elle se laissera dominer par les autres et le monde extérieur, qui l'empêcheront de s'épanouir comme elle l'aurait souhaité. L'agressivité, au lieu d'être orientée naturellement vers l'extérieur, comme c'est sa fonction, est alors retournée vers l'intérieur, contre soi-même, dans un mouvement de dévalorisation, de dépression, voire d'auto-agression qui, dans les cas extrêmes, peut conduire au suicide.

Quelqu'un de trop agressif se mettra en danger par d'autres voies, comme des actes de délinquance ou de violence envers les autres, qui pourront le conduire à la marginalisation ou en prison.

Savoir doser son agressivité, selon les circonstances, constitue donc la clé d'une personnalité psychologiquement équilibrée. Cet exercice vise à nous permettre d'exprimer la colère et l'agressivité autrement que par les actes, lorsque ces derniers sont inadaptés au contexte.

Traiter son patron de connard ou lui foutre son poing sur la gueule, parce qu'il n'a pas reconnu notre travail ou qu'il nous prend pour son esclave, est souvent contreproductif, sauf cas extrême, si l'on veut garder son travail. Mais ce n'est pas une raison pour retourner cette violence contre soi et croire que c'est de notre faute, si notre supérieur hiérarchique se comporte ainsi. On retrouve des situations similaires avec ses parents, ses enfants, des amis, en couple.

L'agressivité générée par un événement s'apparente à un poison potentiellement toxique, si elle n'est pas évacuée. On peut cracher son venin pour empoisonner l'autre et lui donner une bonne leçon, mais l'essentiel est déjà que ce poison ne nous contamine pas. Voici comment.

Installez-vous confortablement avec un crayon, un paquet de feuilles blanches ou votre cahier habituel d'exercices, et dressez la liste, la plus longue possible, de toutes les insultes, injures et gros mots qui vous viennent à l'esprit. Vous devriez, sans grande difficulté, en remplir des pages et des pages. Pas de censure. Écrivez, non seulement, tout ce que vous pourriez exprimer de pas très gentil aux personnes qui vous ont causé du tort, mais poussez plus loin : ajoutez les méchancetés que vous n'avez jamais dites et que vous n'oseriez même pas prononcer en présence de quelqu'un. Là, vous pouvez vous lâcher ; aucun lecteur ne vous lira.

Dans un second temps, individualisez ces insultes. Commencez par le prénom d'une personne envers qui vous gardez quelques griefs, qui vous restent comme un nœud en travers de la gorge ou une boule à l'estomac. « Pierre, Maman, Jean, ma chérie… », et enchaînez sans trop réfléchir, « tu n'es qu'un(e)… voilà ce que je pense vraiment de toi… ». Allez-y sans culpabilité, vous ne faites de mal à personne, c'est juste à vous que vous essayez de faire du bien. Enfin, déchirez l'ensemble et jetez-le à la poubelle. Effectuez régulièrement ce travail de nettoyage psychologique, comme on prend une douche ou un bain, afin d'éliminer les saletés accumulées durant la journée.

Quand vous serez assez à l'aise avec cette première partie, continuez avec l'exercice n°43.

❧ 36 ❧

Vivez à l'envers

Petits exercices récréatifs pour vous déprogrammer et vous accoutumer à regarder autrement vos relations, vous-même, le monde et les situations de la vie quotidienne, afin d'ouvrir votre esprit, d'inventer des solutions et de permettre le changement.

Retournez ce livre et lisez n'importe quelle page à l'envers. Pratiquez régulièrement cet entraînement avec un journal, un magazine ou un livre. Cela demande plus de temps qu'une lecture classique, mais c'est une bonne gymnastique mentale et psychologique.

Apprenez ensuite à écrire à l'envers, (de droite à gauche pour notre écriture occidentale), en commençant par votre nom et prénom par exemple, afin que le texte puisse être lu dans un miroir. Puis dessinez une maison, un arbre, une tête à l'envers. Enfin votre visage.

Accrochez vos posters, photos et tableaux la tête en bas. Consultez vos albums photo, à l'envers

Mangez à l'envers : commencez par le dessert et finissez par l'entrée.

✑ 37 ✑

Balayez sans balayer

Comme nous l'avons vu à l'exercice n°14, la différence fondamentale entre nous, êtres vivants, et un diamant ou une statue de marbre, réside dans notre organisation interne, caractérisée par un mélange d'ordre et de désordre. Cet exercice complémentaire permet d'assouplir notre rapport à un type particulier d'ordre sans désordre : la perfection.

Que ce soit au niveau de l'image de soi, de la santé, de la réussite sociale, des relations, de la famille, de nos pensées, de nos actes ou de nos paroles, nous sommes nombreux à croire que l'idéal devrait ressembler à un tableau blanc immaculé, sans tache, sans poussière, sans défaut, sans erreur d'aucune sorte. Si par malheur nous arrivions à l'atteindre, cette perfection signerait purement et simplement notre mort, en nous transformant en un magnifique diamant aussi froid, dur et inerte qu'un cadavre.

Si cent pour-cent correspond à la perfection zéro défaut d'une statue de marbre ou d'un diamant, quatre-vingt pour-cent représente la perfection vivante d'un humain. L'intérêt, dans ce cas, ce sont les vingt pour-cent restants ; à quoi peuvent-ils bien servir ? Replongez dans le vide de l'exercice n°28, si vous l'avez déjà oublié. Ce trou de vingt pour-cent constitue, justement, la spécificité du vivant, ce qui nous permet de respirer psychologiquement ; comme ce projet, cette relation, ce travail, cette activité ne sont pas parfaits, nous désirons autre chose afin de combler ce manque. Le manque nous donne envie et, par-là, nous donne la vie. Là où il manque quelque chose, la vie prévaut ; là où il ne manque plus rien, règne la mort.

L'objet de cet exercice est de réintroduire un peu de manque, de vie, dans les actes quotidiens, pour libérer une petite place à l'imperfection.

Quand vous balayez chez vous, procédez comme d'habitude, sauf pour un petit coin, minuscule, peu visible, que vous laisserez en l'état. Histoire de vous rappeler que, s'il y a de la poussière, c'est que ça vit, chez vous ; pour vous souvenir, à chaque coup de balai, que vous ne voulez pas ressembler à un diamant éternel, éternellement mort.

Agissez de même avec la vaisselle, le repassage, les courses. Très intéressant les courses, surtout quand on a des enfants qui, comme tous les enfants, croient que leurs parents sont parfaits, lesdits parents ne faisant d'ailleurs rien pour les contredire, au contraire. Alors les courses, et bien, de temps à autre, vous pouvez oublier d'acheter telle marque de yaourts ou telle boisson sucrée ; c'est vrai, vous avez commis une erreur, mais, voilà, cette erreur fait justement de vous un parent humain et non idéalisé. En ayant des manques et en les acceptant,

vous aiderez vos enfants à accepter leurs propres manques. C'est aussi utile que de leur acheter leur produit
préféré.

Quoi d'autre ? À vous de compléter ; chaque
acte quotidien peut être propice à cet entraînement.
Descendez la barre de cent à quatre-vingt pour-cent,
vous libérerez de l'énergie pour vous ouvrir à d'autres
projets, d'autres aventures, d'autres façons de percevoir
le monde et de vous voir vous-même. Et pour ouvrir
une fenêtre ou une porte dans un mur, il faut percer un
trou. Le trou par où ça vit, par où ça respire, le trou de
l'imperfection.

❧ 38 ❧

Caressez-vous les coudes

Notre personnalité est un peu à la psychologie ce que notre corps est à la biologie. Partant de là, l'image et l'amour que nous avons de notre corps physique sont souvent liés au rapport que nous entretenons avec notre corps psychique. Apprendre à aimer son corps, c'est apprendre à s'aimer soi, d'une certaine façon, car l'un va rarement sans l'autre.

Voici un simple exercice qui va dans ce sens. Il est plus efficace si vous le pratiquez nu, dans votre salle de bains par exemple.

Prenez un peu de temps, le matin, pour vous caresser l'ensemble du corps, lentement, en insistant sur les zones neutres qui présentent d'habitude peu d'intérêt : les talons, les genoux, les coudes, le menton. N'hésitez pas à les bichonner ou à leur passer de la crème. Aucune partie de vous n'est à négliger, qu'elle soit physique ou psychologique, chacune à son utilité. Que deviendraient vos jambes, vos pieds, vos mains et votre visage, sans ces zones trop souvent oubliées ? De même, votre personnalité est complexe, riche et forme un tout qui ne peut pas être découpé en tranches.

S'aimer, avoir une estime et une image de soi positives, ce n'est pas aimer telle ou telle partie de soi, c'est
s'aimer en totalité, avec ses ombres et ses lumières, ses
qualités et ses défauts, ses yeux, son visage, ses coudes
et ses genoux.

« Dis-moi combien tu aimes tes coudes, je te dirai
combien tu t'aimes. »

❧ 39 ❧

Couvrez vos miroirs

L'intérêt du court exercice qui suit, consiste à rester vingt-quatre heures sans se regarder une seule fois dans un miroir, le reflet d'une vitrine ou toute autre surface réfléchissante ; donc mieux vaut ne pas conduire votre voiture, ce jour-là, à cause des rétroviseurs.

Pour aller au travail ou à un rendez-vous, vous parviendrez, sans trop de mal, à vous laver le visage, à vous raser et à vous peigner, en sentant avec vos mains si votre aspect extérieur vous semble correct. Bien sûr, pour le maquillage, c'est un peu plus compliqué, alors ne vous maquillez pas ou choisissez un jour sans obligation particulière.

Vingt-quatre heures sans savoir à quoi vous ressemblez, cela ne vous fera pas de mal ; vous utiliserez ainsi les autres sens que la vision. L'important, au fond, c'est de vous sentir bien, plus que d'évaluer si votre image est bien. C'est aussi un exercice pour vous détacher du regard des autres, qui ont accès à l'image que vous renvoyez et non à vos sensations intérieures.

Dans le même genre d'idée, vivez les expériences sans vous comparer à un modèle, à une image ou à quelqu'un d'autre. Ressentez comment vous êtes, comme vous faites, sans vous demander si cela correspond ou non à tel idéal ou à tel étalon de mesure. Voyagez sans carte ni guide, dessinez sans modèle, cuisinez sans recette, chantez et jouez de la musique sans partition, improvisez sans texte. Vivez sans manuel de savoir-vivre.

❧ 40 ❧

Déprimez à volonté

Comme nous l'avons vu à l'exercice n°17, la vie s'apparente à un océan en perpétuel mouvement, avec ses hauts et ses bas, rempli de vagues qui montent et qui descendent. Mais l'humain, qui n'a guère le pied marin, n'aime pas le creux des vagues. L'idéal serait de rester dynamique, en forme, jeune et beau si possible, efficace, toujours fort et d'excellente humeur, et ainsi de suite, surfant éternellement sur la crête du bonheur. Mais, un jour ou l'autre, la nuit succède au jour : nous chutons, le moral et l'énergie baissent, nous pleurons, nous doutons, nous déprimons. Ce creux survient généralement après un événement négatif, comme un décès, un licenciement, un accident, une maladie ou une période de stress intense. Nous traversons alors une phase nécessaire de descente, qui permet au corps et à l'esprit de se ressourcer, et qui nous force à nous retirer du monde pour affronter cette mauvaise passe.

La dépression, dans ce cas, est salutaire ; pour recharger les batteries, pour faire le deuil, pour changer.

Voici un exercice pour apprivoiser ces dégringolades tant redoutées, comme si nous allions tomber en enfer sans jamais pouvoir nous relever. N'oublions pas que le toxicomane meurt d'overdose, à trop rester sur la crête du plaisir pour ne pas redescendre sur la morne terre de la réalité ordinaire. Cette dépression volontaire présente tous les symptômes classiques de la vraie dépression, sauf les idées noires.

Choisissez une journée en solitaire, où vous n'avez pas d'obligation particulière, et commencez la matinée par ne pas prendre vos stimulants habituels (café, thé, chocolat, coca, guarana, ginseng, vitamine C). Votre corps fonctionnera au ralenti, de même que votre pensée, mais c'est le but de la manœuvre, et ils se reposeront un peu, au passage. Mangez juste le nécessaire, sans excès, et agissez comme si vous étiez en convalescence, après un accident de ski ou une forte grippe. Faites-en le minimum. Pas de sorties, ni de visites, juste un livre ou la télévision, vous pouvez même rester au lit. Dormez, si l'ennui vous gagne, comme les vrais dépressifs se réfugient dans le sommeil pour oublier. Profitez-en pour consigner par écrit les sensations générées par ce voyage au ceux des vagues. Puis couchez-vous sans faire d'extra ; le lendemain, reprenez votre rythme normal.

À effectuer une fois par an, en hiver par un temps gris et maussade, quand le baromètre indiquera la présence d'une dépression atmosphérique.

❧ 41 ☙

Apprivoisez vos monstres

Avoir peur est une aptitude fondamentale de survie. Il y a certains dangers qu'il vaut mieux éviter, et celui qui ne redouterait plus rien devrait paradoxalement avoir peur de lui-même et de son absence de peur. Certes, la crainte des grands fauves ou du feu est utile, mais certaines peurs non mortelles nous empêchent de vivre (même si elles peuvent présenter une utilité psychologique, mais laissons cela momentanément de côté). C'est à ces peurs-là que s'adresse cet exercice, à ces monstres intérieurs que nous devons apprendre à dompter.

Le mécanisme de la peur est similaire, que les peurs soient concrètes (peur des araignées, des crocodiles, des serpents) ou mentales (peur de l'échec, de la solitude, de la honte). Dans cette partie, nous abordons volontairement les peurs physiques, car il est souvent plus facile de s'attaquer à une peur psychologique de biais, au lieu de l'affronter de face. D'autres exercices spécifiques abordent directement cet autre aspect (voir index thématique).

Quel animal redoutez-vous le plus ? Pensez aux plus gros, aux plus sauvages, aux plus dangereux, aux mangeurs d'humains, voire aux petits sournois qui se glissent partout. Si les serpents, scorpions, souris, araignées et autres tigres vous laissent indifférent, changez d'échelle ; il y a bien un microbe ou un virus que vous craignez. Quand vous aurez trouvé le monstre incarnant vos peurs profondes, passez à l'étape suivante.

À présent, donnez-lui un nom. Nommer ses peurs, c'est commencer à les maîtriser, car un ennemi sans nom est bien plus terrifiant. Si vous avez peur des serpents, est-ce plutôt d'un anaconda, d'un aspic, d'un boa, d'un cobra, d'un crotale, d'un python ? Craignez-vous d'être attaqué par un guépard, un jaguar, un léopard, une panthère, un puma ? Quelle maladie infectieuse vous effraie-t-elle le plus ? le choléra, la lèpre, la peste, le tétanos, la typhoïde, le SIDA, l'hépatite, l'ebola, la grippe type H5N1 ?

Intéressez-vous à tout ce qui touche, de près ou de loin, à la nature de ce danger. Comment vit-il, se reproduit-il, comment peut-on le tuer, etc. Constituez-vous un dossier, comme si vous étiez en classe de sciences naturelles. Comprendre l'ennemi, c'est déjà l'apprivoiser.

Une fois que vous avez le nom du monstre, cherchez à quoi il ressemble ; photocopiez, imprimez une photo ou un dessin tiré d'un livre ou récupéré sur Internet. Marquez son nom dessus et portez cette image avec vous, durant un mois. Regardez-la régulièrement, à différents moments de la journée. Respirez. Mettez-la sur votre table de nuit, avant de vous endormir. Après un mois de cohabitation et d'apprivoisement, détruisez l'image, selon votre convenance (déchirez, découpez, trouez, brûlez…). Puis recommencez avec une autre peur, après avoir laissé passer un peu de temps.

Si vous ressentez des émotions fortes et dérangeantes, sans rapport direct avec la peur que vous essayez de dompter, notez-les dans votre cahier d'exercice, vous les reprendrez plus tard ; cela vous permettra de découvrir le lien entre cette peur et d'autres angoisses psychologiques. Mais si, au bout de quelques jours, ces émotions persistent, voire si elles empirent, arrêtez et concentrez-vous sur un autre monstre intérieur. Ou effectuez un autre type d'exercice plus récréatif.

❧ 42 ❧

Écoutez sans écouter

La communication humaine comporte trois dimensions. La première, pour simplifier, peut être comparée aux textes d'une chanson ou aux dialogues d'un film ; c'est le contenu, le fond du message. La deuxième correspond à la musique ou aux images ; c'est la forme du message. Et la dernière, c'est le décor, le contexte dans lequel est émis ce message.

Exemple : un couple d'amoureux. L'un dit à l'autre « je t'aime », c'est le contenu du message, la première dimension. La deuxième dimension dépend de l'intention de l'émetteur. S'il ment, son « je t'aime » pourra s'accompagner d'un tremblement de voix, d'une posture physique en retrait, de mains moites, d'un rétrécissement de la pupille, de rougeurs, d'un tic particulier ou d'autres mouvements corporels inconscients. Dans le cas contraire, si l'émotion et l'intention de l'émetteur sont congruentes avec ce qu'il dit, les manifestations corporelles iront dans le sens du message. Enfin, la troisième dimension contextuelle définit comment il faut interpréter l'échange. Le « je t'aime » n'aura pas le même sens, selon qu'ils viennent de faire l'amour et que tout va bien entre eux, ou qu'ils terminent une vive dispute où l'un des partenaires a annoncé son départ définitif. Et cela n'aura pas les mêmes conséquences, non plus, s'ils sont deux acteurs qui interprètent une scène d'amour au théâtre.

Dans cet exercice, nous nous attacherons plus spécifiquement à cette deuxième dimension, que l'on nomme « la communication non verbale ».

Pour cela, enregistrez au préalable, sans les regarder, une émission, une série, un dessin animé télévisés qui ne soient pas trop longs, ou entraînez-vous avec les dix premières minutes d'un film que vous n'avez jamais vu. Visionnez-les, tout d'abord, en coupant le son. Essayez de comprendre les enjeux de l'histoire et les intentions des protagonistes, d'après vos observations ; utilisez la touche pause ou revenez en arrière, si un détail vous a échappé. Notez ce que vous avez compris d'essentiel et comparez avec une seconde vision, en écoutant le son et les paroles cette fois.

N'hésitez pas à regarder plusieurs fois les passages où vous vous êtes trompé ; recoupez le son et observez bien leurs gestes et leurs mimiques.

Dans la vie, couper le son est bien plus difficile ; on est pris par le texte de l'échange, qui nous induit parfois en erreur sur la véritable intention de nos interlocuteurs. Alors apprenez à écouter sans écouter ce qui est dit, ou plutôt à ne l'écouter que d'une oreille ; écoutez de l'autre comment c'est dit.

Puis apprenez à parler sans parler, en pratiquant l'exercice complémentaire n° 63.

❧ 43 ❧

Frappez un œuf

Exprimer des injures par écrit, suffit parfois pour canaliser l'agressivité, éliminer les tensions et retrouver le calme intérieur, mais pas toujours (cf. exercice n°35). Dans des situations chroniques ou dans le cas d'anciennes souffrances enfouies, il faudra accomplir des actes libérateurs. Pour apprendre aussi à extérioriser directement l'agressivité, si cela s'avère un jour nécessaire.

Récupérez un coussin inutile ou acheté exprès ; il ne doit servir que pour ce genre d'exercice. Donnez-lui mentalement un nom et un visage, en imaginant la personne à l'origine de ce sentiment d'agressivité. Puis frappez le coussin. Autant que nécessaire. Si vous vous trouvez seul, ce que je vous conseille fortement, criez en même temps, crachez les injures qui vous viennent à l'esprit, avec un fond musical assez fort pour vous protéger du voisinage. Puis passez à l'étape suivante.

Attrapez ensuite une fourchette et plantez-la dans le coussin. Trouez, crevez, éventrez, déchirez et, au final, jetez le tout à la poubelle. Si des pensées et des émotions émergent, consignez-les dans votre cahier d'exercices.

La seconde étape consiste à remplacer le coussin inerte par un organisme vivant. Vous avez le choix, mais deux aliments obtiennent ma préférence : l'œuf et la noix de coco. Ils possèdent l'avantage d'êtres vivants, mangeables et ronds. On peut donc dessiner une tête dessus.

Commencez par l'œuf. Pensez à la personne visée par votre agressivité, dessinez grossièrement son visage sur l'œuf et marquez son nom ou prénom juste en dessous. Saisissez un marteau et tapez dessus. Puis procédez de même avec une noix de coco. Vous devrez frapper plus violemment et, à la différence de l'œuf, vous pourrez manger le fruit de votre agressivité. Car une saine agressivité nourrira aussi votre personnalité, la rendant plus forte et plus affirmée.

Enfin, pour ne pas vous arrêter en si bon chemin, procurez-vous une poupée ou une statuette à figure humaine, car l'agressivité intérieure concerne généralement l'entourage. Comme pour le coussin, choisissez un objet déniché spécialement pour l'occasion, du moment qu'il vous rappelle la personne en question. Puis laissez votre imagination et vos émotions s'exprimer : la poupée ou la statue doivent faire les frais de la situation.

Après cela, nettoyez les débris, prenez une bonne douche, dégustez votre boisson favorite et profitez de l'instant.

Jetez vos porte-bonheur

Quels sont les trois objets, que vous emmèneriez dans vos valises, si vous deviez partir vivre pour toujours sur une île déserte ? Vous avez sûrement déjà rencontré cette question classique. Si les réponses varient selon chacun, elles se réfèrent souvent au même type d'objets, dont la valeur est avant tout affective. Généralement, on nous les a offerts, ils appartenaient à un proche décédé, ou ils nous rappellent un événement marquant. Ces objets ne sont pas ordinaires mais magiques ; ils possèdent une charge émotionnelle qui leur confère un pouvoir de porte-bonheur, raison pour laquelle on y tient parfois plus qu'à des proches.

Tel bijou, telle montre, tel vêtement, telle photo, quand on les porte avec soi, nous donnent confiance, nous rassurent, nous procurent la force pour affronter le monde. Avec eux, nous nous sentons moins seuls, moins faibles, moins perdus.

Ces objets fétiches sont un bon test, pour savoir si l'on a fait le deuil d'un décès ou d'une séparation, selon l'expression consacrée. Un fort attachement aux affaires d'un défunt caractérise les deuils inachevés, mais rares sont les deuils finis. La plupart du temps, on conserve soigneusement des traces du disparu, restes que l'on vénère comme une relique. Et ce n'est pas plus mal d'ailleurs, car l'objectif, au fond, consiste moins à faire le deuil qu'à bien vivre avec les morts, les pertes et les séparations ; la relation à ces objets sentimentaux remplit cette fonction.

Mais l'attachement peut se changer en enchaînement et devenir un enfermement. Il faut, alors, parvenir à mettre du jeu dans ses dépendances, afin de ne pas se retrouver prisonnier d'elles (cf. exercices n°6, 16, 30, 34).

Pour vous échauffer, commencez par des images, dont la valeur sentimentale est souvent moindre. Parcourez vos albums photo et choisissez vos trois préférées. Jetez celle venant en troisième position. Si l'acte est difficile, photocopiez-la avant et gardez la copie.

Ensuite, attaquez-vous à l'un des objets favoris que vous emmèneriez sur l'île. Idem que précédemment, si cela est trop dur, prenez une photo de l'objet que vous garderez en souvenir.

Et puis, rassurez-vous : en jetant cet objet, vous libérerez un espace vide pour mettre un nouveau talisman, créé de toutes pièces avec l'exercice complémentaire suivant.

❧ 45 ❧

Fabriquez un talisman

Cet exercice est la suite logique du précédent ; il est donc conseillé de s'entraîner au préalable à se débarrasser d'un objet fétiche, avant d'en construire un nouveau.

Comme nous l'avons vu, ces objets possèdent la particularité d'être chargés d'émotions positives qui leur confèrent les propriétés d'un porte-bonheur. Habituellement, ils acquièrent ce pouvoir sans intervention consciente de notre part. Dans cet exercice, vous allez créer un talisman de A à Z.

Commençons par la charge affective.

Dressez la liste de toutes les pensées positives que vous voudriez mettre dans cet objet. Par exemple : quelles sont vos qualités, les valeurs auxquelles vous tenez, les projets importants que vous avez réalisés, ce dont vous êtes fier ? Ou, à défaut, inscrivez les qualités d'un proche ou d'une personne disparue dont le souvenir vous apporte un soutien.

Si rien de précis n'émerge, chargez cet objet de vos souhaits, de vos vœux, pour vous, pour vos proches ou pour l'humanité. Choisissez ce qui vous vient à l'esprit, du moment que cette pensée vous donne de la force, de la joie, de l'envie, de l'assurance, du courage, un plus de vie. Quand vous disposerez de la charge émotionnelle, partez en chasse de l'objet correspondant.

Plus l'objet est ordinaire, inutile et insignifiant, plus il sera facile de le transformer en talisman, car c'est avant tout la dimension affective qui lui donnera sa valeur. Un simple caillou constitue le prototype idéal. Remémorez-vous la liste établie précédemment, et promenez-vous sur un chemin ou sur une plage, jusqu'à ce qu'une simple pierre s'impose à vous. L'objet doit résister à l'épreuve du temps et tenir dans la poche ; vous pourrez ainsi le transporter partout et même le serrer dans la main lors d'un entretien, sans être vu.

Quand vous aurez trouvé l'objet, nettoyez-le simplement, pour le vider de sa vie antérieure, puis caressez-le et embrassez-le un bon moment. Ensuite, enveloppez-le avec le papier contenant la liste de vos charges affectives, et portez-les avec vous, où que vous alliez, durant une bonne semaine. La nuit, mettez-les sous votre lit ou sous l'oreiller.

Une fois le caillou chargé affectivement, lavez-le avec votre salive et marquez-le d'un signe personnel, le plus invisible et anodin possible : un petit point rouge dans un coin, un trait, un graffiti étrange, une goutte de votre sang si vous aimez les symboles forts, une larme, ou toute autre idée qui vous paraîtra significative à ce moment-là.

Servez-vous-en dans les moments clés de votre vie et n'oubliez pas, un jour, de vous en séparer (effectuez à nouveau l'exercice précédent).

❧ 46 ❧

Roulez en zéro

Qu'est-ce qui nous procure du plaisir ? nous cause de la souffrance ? Qu'est-ce qui nous rend heureux ou malheureux ? Les réponses varient selon les individus, les époques et les cultures, mais elles indiquent généralement des choses extérieures, en dehors de nous (telle chose, telle personne, telle situation). La réponse du psy que je suis, elle, ne varie pas : c'est le sens, donné aux expériences et aux événements, qui détermine la couleur du bonheur ou du malheur ; sens que nous créons à longueur de journée, sans nous en rendre compte.

Quand on consulte un psy, c'est principalement cela que l'on apprend. Je ne suis pas magicien. Je ne sais pas changer le monde, corriger le passé ou ressusciter les morts ; ni offrir le poste, l'amour ou l'argent désirés ; encore moins pratiquer la chirurgie psy afin de retoucher telle partie dérangeante de la personnalité. Je peux juste aider les consultants à donner un sens différent à leur vécu passé, présent ou à venir, à leurs peurs et à leurs souffrances. Cela ne paraît pas grand-chose, et c'est pourtant énorme. Notre pouvoir est là, le pouvoir de donner un sens au monde et à notre vie.

Cet exercice de créativité, complémentaire au n°8, consiste à inventer des formes et des objets à partir d'un matériau sommaire. Pour résoudre les problèmes, dépasser les obstacles et continuer à évoluer, vous devrez également concevoir de nouvelles manières de penser et d'agir, en fonction des éléments bruts résultant de vos expériences.

Munissez-vous d'un crayon, d'une gomme et de plusieurs feuilles de papier, et commençons par les chiffres de zéro à neuf. Tracez chaque chiffre au milieu d'une page, en laissant bien de la place autour, et complétez cette figure pour qu'elle ressemble à quelque chose de connu. Par exemple, en partant du zéro, vous pouvez dessiner la tête d'un personnage, un ballon gonflable, une fleur, un soleil, une paire de lunettes, une voiture, un vélo et tout ce qui comporte une roue. La liste est longue.

Pour les autres chiffres, je vous conseille de tourner la page à l'envers, pour ne plus discerner un chiffre, mais une forme inhabituelle qui libérera votre créativité. Dans la vie aussi, nous demeurons souvent bloqués à cause de notre façon familière de percevoir les événements, et il faudrait parvenir à les tourner dans tous les sens pour entrevoir plus aisément une solution au problème.

Après les chiffres, attaquez-vous aux lettres de l'alphabet. Et si vous décidez d'effectuer à nouveau cet exercice, ce que je vous souhaite, cherchez des solutions différentes de celles que vous avez imaginées lors de votre premier entraînement.

Enfin, pour corser le tout et vous obliger à devenir de plus en plus créatif, mélangez un chiffre et une lettre, et tentez de compléter ces symboles afin de réaliser une image signifiante.

Regardez sans regarder

Si vous enregistrez le monde environnant avec un appareil photo ou une caméra, le résultat devrait correspondre à la réalité, selon toute vraisemblance, car ces machines sont assez neutres et objectives dans leur façon mécanique de capter les informations. Maintenant, si vous regardez avec vos propres yeux, verriez-vous la même chose ? Dans les grandes lignes, sûrement, mais il y aura des différences, parfois majeures. Dans votre perception, tel personnage, objet ou détail du paysage sera plus flou voire absent, tel autre sera très précis, parce que, contrairement aux machines, vous possédez une mémoire, des préférences et des aversions, des envies et des peurs.

Quand vous observez les autres et le monde, vous ne vous contentez pas de regarder, vous cherchez plutôt à retrouver ce que vous aimez et ce que vous n'aimez pas, l'un pour vous satisfaire et l'autre pour vous protéger, et vous ignorez généralement ce qui ne rentre pas dans ces deux catégories. Cette stratégie présente un intérêt évident.

Si notre cerveau enregistrait tout ce qui nous entoure, nous dépenserions une énergie colossale et, de plus, nous serions encombrés de détails superflus qui nuiraient à notre efficacité. En fait, notre organisme biologique ne peut appréhender qu'une petite partie de la réalité ; d'autres êtres vivants percevront ou entendront des éléments invisibles ou inaudibles pour nous, comme les ultraviolets ou les ultrasons. Si, la plupart du temps, ce procédé est avantageux, il devient un obstacle quand il faut dépasser des schémas et des scénarios immuables, comme cela a déjà été évoqué dans des exercices précédents (n°2, 8, 10, 21, 32).

Quand une situation problématique requiert des solutions innovantes, parce que les anciennes ne fonctionnent plus, il faudrait ouvrir notre regard et parvenir à percevoir autrement le monde, les autres et nousmême, pour recueillir le maximum d'informations qui pourraient s'avérer utiles. Nous devons ouvrir notre esprit et apprendre à regarder sans regarder ce que nous avons déjà dans la tête. C'est l'objet de cet exercice.

Vous avez besoin d'une plante verte ou d'un arbre feuillus, sur fond de tapisserie ou de ciel uniformes, pour que les feuilles se détachent bien. Posez votre regard sur le vide entre les feuilles et relâchez la tension de vos yeux ; avec la vision périphérique, vous devez avoir la sensation de discerner toutes les feuilles simultanément, sans vous focaliser sur aucune en particulier. À force d'entraînement, vous éprouverez peut-être l'impression de connaître instantanément le nombre exact de feuilles que contient l'arbre ou la plante.

Dans une seconde partie, réalisez le même type d'observation, assis tranquillement dans un espace citadin rempli d'une foule en mouvement. L'exercice est plus parlant si vous restez bien immobile. Portez votre regard au loin, devant vous, sur un point fixe le plus neutre possible, comme une façade d'immeuble. Tout en ne regardant rien ni personne, essayez de distinguer simultanément tout ce qui bouge : les voitures, les passants, les vélos, les pigeons, l'eau dans les fontaines, les morceaux de papier qui volent, les ombres, les nuages de fumée, les reflets sur les vitrines ou les flaques d'eau…

❧ 48 ❧

Lâchez la pédale du plaisir

Le plaisir et l'effort forment un drôle de couple. Tantôt ils s'accordent, mais parfois ils s'opposent et se disputent. Pour être plus précis, disons que c'est le plaisir, le problème, c'est lui qui pose toujours problème (cf. exercice n°27). C'est dans sa nature. Tel un gosse trop gâté et capricieux, le plaisir n'en fait qu'à sa tête et voit rarement plus loin que le bout de son nez ; « moi d'abord et après moi le déluge » est sa devise. Cette obstination à vouloir constamment passer le premier peut nous mettre en danger, comme chez le toxicomane qui meurt d'overdose par excès de plaisir.

D'une certaine manière, nous sommes tous des drogués du plaisir.

On retrouve cette addiction avec les drogues, les boissons alcoolisées, la nourriture, le sexe, le jeu, l'agent, le pouvoir, mais aussi dans la vie quotidienne. Dans le moindre de nos actes, nous préférons généralement le plaisir à l'effort. D'où l'idée universelle de Paradis, un monde extraordinaire de pur plaisir où le lait et le miel coulent à flots. Plus besoin de faire d'effort, même pour les actes élémentaires de survie puisque, justement, au Paradis nous sommes immortels. Appliquer cette stratégie sur Terre est périlleux, pour ne pas dire suicidaire, car les portes du Paradis (artificiel ou non) ouvrent bien plus souvent sur l'Enfer. La Vie est entre ces deux mondes. La preuve par l'expérience scientifique suivante.

C'est un pauvre rat de laboratoire à qui l'on a implanté des électrodes branchées sur les centres cérébraux du plaisir. Ces aires sont aujourd'hui bien repérées et l'on sait provoquer un orgasme chez l'humain, en stimulant électriquement ces zones. Ce rat, donc, peut se donner autant de plaisir qu'il le souhaite, sans limites, en appuyant sur une pédale reliée aux électrodes qu'il a dans la tête. À côté, à quelques mètres, le nécessaire à sa survie : de l'eau et de la nourriture. Le dilemme de notre rat toxicomane est qu'il doit lâcher la pédale du plaisir afin, tout simplement, de se maintenir en vie. Et ce qui doit arriver arrive : il meurt. De plaisir.

Apprendre à mettre le plaisir au service de sa vie, et non l'inverse, constitue la base de toute bonne hygiène psychologique. L'exercice qui suit vise à assouplir notre relation au plaisir et à fortifier notre lien à l'effort.

Avez-vous remarqué, dans les grands magasins ou les couloirs du métro, comment la majorité des personnes choisit toujours d'emprunter l'Escalator ou l'ascenseur plutôt que l'escalier ? Pourquoi faire un effort, puisque la machine peut l'effectuer à notre place ? Même constatation dans les transports en commun. Pourquoi se fatiguer à rester debout, alors qu'il y a des places assises disponibles ? On croirait que tout le monde vient de finir une journée de travail harassante. Mieux vaut garder toute l'énergie pour le plaisir d'écouter un morceau de musique, de lire, de penser ou de regarder les autres.

Alors prenez du plaisir à faire un effort. Montez par l'escalier, restez debout, laissez la voiture et marchez, portez vos courses, cuisinez, lavez la vaisselle, créez au lieu de consommer. Sevrez-vous régulièrement de votre dose quotidienne de cette drogue qui s'appelle le plaisir.

Dominez le plaisir avant qu'il vous domine, afin que le plaisir soit un choix et non une obligation, comme c'est malheureusement le cas, la plupart du temps.

49

Changez de cadre

Observez bien les deux lignes entre les crochets et, selon vous, qu'elle est la plus grande ?

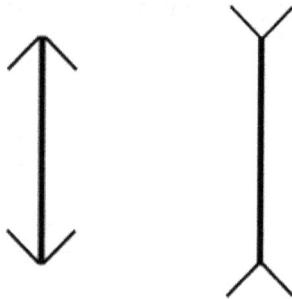

Comme la majorité des individus qui, pour la première fois, se livrent à cet exercice, vous avez sûrement répondu celle de droite. Et, comme eux, vous vous êtes trompé. Ou plutôt, c'est votre cerveau qui vous a encore induit en erreur (cf. exercice n°2). Les deux lignes ont bien la même hauteur ; si vous n'en croyez pas vos yeux, mesurez-les.

Comment est-ce possible ?

L'illusion d'optique est due aux pointes qui encadrent les deux lignes ; le contraste, entre celles qui sont fermées vers l'intérieur et celles qui s'ouvrent vers l'extérieur, donne l'impression d'avoir des lignes de hauteurs différentes. Si nous nous trompons, malgré nous, avec de simples traits, je vous laisse imaginer ce qu'il en est dans des situations humaines bien plus complexes. Or ce point est fondamental, car évaluer ce qui est plus ou moins grand, positif ou négatif, bon ou mauvais, bien ou mal, sera décisif dans notre sentiment de bonheur ou de malheur.

Regardez à présent cette suite de caractères :

5O1

Si je vous demande ce que vous percevez, vous répondrez spontanément le nombre cinq cent un, qui vous rappellera peut-être une célèbre marque de jean.

Observez maintenant cet autre arrangement :

BOL

Si je vous repose la question, votre réponse évoquera sans aucun doute un ustensile de cuisine dans lequel on a l'habitude de prendre le petit-déjeuner ou la soupe du soir.

Enfin, dans quelle catégorie rangeriez-vous ce signe :

O

Vous risquez d'être dans l'impossibilité de trancher entre un chiffre et une lettre.

Il est intéressant de constater que, dans le premier cas, vous avez estimé que le rond était un zéro, parce qu'il était encadré par des chiffres, alors que dans le second cas de figure, ce sont les lettres de début et de fin qui ont déterminé le sens du symbole central. En réalité, le rond pris tout seul n'est ni un chiffre ni une lettre, tout comme les deux lignes précédentes ne sont ni grandes ni petites ; cela dépend du contexte. Il en est de même dans la vie de tous les jours.

Une situation similaire sera vécue comme une opportunité ou comme une catastrophe, selon les personnes. Un commerçant, que je trouve sympathique, déplaira à un autre client. Les gens et les événements ne sont, en soi, ni bons ni mauvais, ni positifs ni négatifs ; tout dépend de la relation et du contexte. Contexte qui comprend nos croyances, nos valeurs, nos savoirs, nos expériences passées, notre état affectif et physique, notre personnalité, nos attentes, nos peurs, la société et l'époque dans laquelle nous vivons, etc.

Le changement psychologique, consiste à transformer une petite ligne en une grande, 5O1 en BOL ou BOL en 5O1. La réalité centrale demeure identique, mais, grâce au changement de cadre, elle prend un autre sens.

Voici un exercice pour ne pas oublier que le bonheur et le malheur sont avant tout une question de contexte et de relation plutôt que de choses en soi.

À partir d'un rond central, on dessine naturellement un soleil, que tout le monde associe au beau temps. Si nous changeons ce soleil de cadre, en le transposant dans un pays désertique où sévissent la sécheresse et la famine depuis de longs mois, « il fait soleil » sera alors synonyme de « il fait mauvais ». Comme vous avez l'habitude d'associer un pique-nique ou une promenade avec le soleil, changez régulièrement ce contexte : gardez le projet central, mais goûtez le plaisir de le réaliser par un temps gris, pluvieux.

Variante : pique-niquez sous une barre d'immeuble, dans votre voiture, dans votre salle de bains, près d'une décharge ou d'une usine. Ne vous focalisez pas sur le décor ; le rond central, le plat, reste identique. Dégustez et appréciez.

✤ 50 ✤

Chassez le mammouth

À force de vivre dans la même maison, la même ville, de côtoyer les mêmes personnes, d'emprunter les mêmes routes, de fréquenter les mêmes magasins et le même bureau, de manger à la même place, de se regarder dans la même glace, on en arrive à ne plus voir ce qui se trouve devant nos yeux. Phénomène de lassitude et de désensibilisation bien connu des vieux couples. D'où l'attirance pour la nouveauté, les voyages et les aventures, extraconjugales ou non, qui stimulent les sens et nous sortent de l'ordinaire (cf. exercice n°18).

Voici un petit exercice (ré)créatif pour redécouvrir le quotidien et redonner du goût à l'ordinaire.

Dans un premier temps, durant toute une journée, écrivez dans votre cahier d'exercice le nom de chaque objet, croisé sur votre route, de forme triangulaire.

Ensuite, choisissez aléatoirement une de ces couleurs – bleu, vert, jaune, orange, rouge – et inscrivez tout ce que vous avez vu qui portait cette couleur.

Enfin, pour ne pas finir, tirez un de ces animaux au hasard – scorpion, poulpe, crocodile, girafe, mammouth, autruche, manchot, marmotte, zèbre, bison, hippopotame, lion, ours, baleine, kangourou, chauve-souris –, partez en chasse et notez toutes les choses ou les personnes rencontrées qui vous ont évoqué cet animal.

❧ 51 ❧

Relavez la vaisselle propre

Nous avons vu à l'exercice n°14 que, à trop chercher l'ordre et fuir le désordre, nous risquons de nous transformer en diamant ou en statue. Dans le même genre d'idée, nous avons également une fâcheuse tendance à vouloir ressembler à une machine perfectionnée, un super méga ordinateur programmé pour être efficace. La machine n'accomplit rien d'inutile, elle calcule et va droit au but. Et nous aimerions aussi prendre les décisions qui aboutiront sans détour au bon résultat.

Pensez à votre couple ou à votre travail actuels, et essayez de remonter aussi loin que possible la chaîne des événements et des choix de vie qui vous ont finalement conduit jusqu'à cette relation ou ce poste professionnel. Vous découvrirez que, bien souvent, c'est la conséquence d'une multitude de situations banales et de rencontres futiles qui vous ont permis, au bout d'un nombre incroyable de hasards et de nécessités, d'en arriver là où vous en êtes aujourd'hui.

Je sais, des sites Internet, des livres et de nombreux test soi-disant psy, prétendent qu'on pourrait trouver l'âme sœur ou l'emploi de sa vie, en répondant juste à quelques questions. Dès lors, soit les gens sont idiots et ne savent pas appliquer les recettes, pourtant simples, qu'on leur propose, soit les choses sont peut-être plus complexes. Je préfère cette seconde hypothèse. Sinon, tout le monde nagerait dans le bonheur, je serais au chômage et l'on ne verrait pas autant de personnes et de couples qui se cherchent, se déchirent, se trompent et, au final, se séparent.

Réussir son couple ou sa carrière ne se résume pas à des critères positifs et négatifs, comme pour l'achat d'une voiture ou d'une lessive. Les émotions ne parlent pas la même langue que la raison (cf. exercice n°7), et l'on ne construit pas sa vie ou une relation comme l'on construit un bateau, un immeuble ou un programme d'ordinateur.

Alors si vous ne voulez pas raidir votre personnalité au point de devenir un magnifique robot, voici un exercice inutile, pour se livrer à des actes inutiles et garder ainsi la souplesse propre au vivant.

Faire deux fois la vaisselle est une pratique très intéressante. Si vous avez un lave-vaisselle, savourez régulièrement le plaisir de laver votre verre, votre assiette et vos couverts à la main. Deux fois. La première pour l'hygiène physique, la deuxième pour l'hygiène psychologique.

Rampez sous la table

L'escalade verbale constitue une des caractéristiques centrales des disputes sans fin, dans le couple notamment. Chaque reproche de l'un entraîne une critique de l'autre et personne ne se rabaisse, en s'excusant ou en faisant des concessions, par exemple. Car s'abaisser, pour beaucoup d'entre nous, est synonyme de dépréciation, de honte, d'humiliation, de faiblesse et de lâcheté. Alors comme aucun des deux partenaires ne veut lâcher, cela finit généralement par un clash. Cette obstination à ne pas paraître faible aux yeux de l'autre marque justement un signe de faiblesse : le manque de souplesse d'une personnalité qui n'accepte pas de renvoyer autre chose qu'une image invariablement positive.

Encore une fois, comme nous l'avons évoqué aux exercices n°13, 29 et 39, la confusion fréquente que nous maintenons entre nous et notre image peut nous porter préjudice ; surtout dans les situations où ce que nous sommes devrait primer sur les images idéalisées de nous-même.

Voici, à ce sujet, un exercice de rabaissement volontaire.

Commençons par chez vous. Parcourez votre salon, votre cuisine, en rampant par terre, habillé dans un premier temps, puis nu. Après une période d'échauffement, exportez cet exercice à l'extérieur, en n'hésitant pas à vous traîner au sol dans un champ boueux ; prévoyez juste de quoi vous changer.

Enfin, dans une troisième étape, promenez-vous en pleine ville, par une journée noire de monde, sortez votre porte-monnaie, que vous aurez pris soin auparavant de remplir uniquement de petites pièces, et faites-le tomber, comme si vous étiez étourdi ou maladroit, afin que le contenu s'étale le plus possible. Mettez-vous à quatre pattes et ramassez lentement les pièces une à une. Si l'on propose de vous aider, ne refusez pas ; accepter de l'aide, c'est déjà accepter une part de faiblesse, puisque l'autre se porte à votre secours. Levez la tête régulièrement, pour bien remarquer le regard des passants posé sur vous. Gardez l'esprit droit, malgré votre corps courbé et l'image négative que vous renvoyez.

Puis relevez-vous, la tête haute, fier d'avoir accompli cet exercice d'autohumiliation publique.

❧ 53 ❧

Pique-niquez avec les morts

La peur de la mort est au cœur de nos peurs et de nos angoisses ; citons la solitude, le manque, la maladie, l'abandon, le rejet, l'échec, les accidents (cf. exercices n°3 et 28). Et plus on redoute la mort, plus on craint la vie. À chaque instant, à chaque respiration, à chaque pas, à la moindre décision, la mort rôde. Quand le soleil de la vie brille, il projette obligatoirement de l'ombre.

Je traverse la rue, je conduis ma voiture ? même en restant vigilant, je peux tomber, par malchance, sur le chauffard qui, ce jour-là, provoquera l'accident fatal. Je m'engage avec cette personne ou cette entreprise ? cette décision conduira peut-être à un échec. Et courir le moins de risques peut s'avérer encore plus risqué (cf. exercice n°19).

Voici donc un exercice, à effectuer régulièrement, pour fortifier notre relation à la mort.

Promenez-vous dans un cimetière inconnu et passez-y l'après-midi, comme vous le feriez dans un parc ou à la campagne. Parcourez l'ensemble des allées et découvrez tranquillement chaque tombe. Appréciez les plus belles, les plus originales, les plus sobres, prenez-les en photo, lisez les noms, notez les épitaphes les plus intéressantes, calculez l'âge des défunts.

Puis installez-vous sur un banc. Lisez un livre, mangez votre sandwich, écoutez votre musique favorite. Savourez ce moment.

Répétez l'exercice dans les cimetières où sont enterrés des proches. Après cela, vous aurez gagné le droit de vous inviter au restaurant ; avec l'exercice suivant.

❧ 54 ❧

Invitez-vous au restaurant

Inviter ses amis, son partenaire amoureux, ses collègues ou sa famille au restaurant, pour partager une soirée agréable ou pour fêter un événement majeur, constitue une pratique courante. Ce qui l'est moins, c'est de s'inviter soi-même pour les mêmes raisons, ou juste par plaisir.

Parce que l'on s'aime bien ou pour marquer le coup. Pour se prouver que l'on sait apprécier ce moment seul, que notre bonheur ne dépend pas toujours des autres. Pour penser à soi, pour s'accorder du temps. Pour ne pas oublier que, si trop d'égoïsme est préjudiciable, trop peu aussi.

À pratiquer au moins une fois par an. Pas forcément à votre anniversaire, à Noël, à Pâques ou au premier de l'an, mais n'importe quand. Chaque jour est un bon jour pour s'aimer soi-même et se le prouver.

❧ 55 ❧

Lisez sans comprendre

Quel est le sens de la vie ? Voilà une question qui a préoccupé pas mal de penseurs et de philosophes, depuis la nuit des temps. À cette interrogation existentielle, deux réponses classiques ont été formulées : le sens de la vie c'est ceci ou cela (ces vérités variant selon les époques et les civilisations), et la vie n'a pas de sens, formulation plus récente de nos sociétés postmodernes. Une troisième option, moins connue, stipule que c'est peut-être la question elle-même qui n'a pas de sens, comme de se demander combien font deux éléphants plus deux voitures.

Le sens est une question posée par notre logique mentale. La vie, qui n'est pas une idée ou un concept, n'utilise pas la même logique ; elle n'a pas besoin de comprendre ce qu'elle fait pour le réaliser, ni de savoir où elle va pour avancer. Le sens et la vie ne sont pas sur le même plan, comme les éléphants et les voitures. Se demander quel est le sens de la vie revient à faire de la vie un moyen au service d'une fin : le sens. C'est mettre la pensée au-dessus de la vie, comme si notre cerveau avait créé le vivant ex nihilo. Or la hiérarchie est exactement opposée, ce que notre conscience et notre petit moi acceptent difficilement.

La conscience et la raison ont à peine quelques centaines de milliers d'années, alors que la vie en a des milliards. La pensée est née de la vie, et non l'inverse.

Comme toujours, c'est notre tête qui pose problème, qui se croit le centre du monde, au-dessus du reste de la création, et qui aimerait ramener tout ce qui existe à sa propre logique mentale, rationnelle et sensée (cf. exercice n°15).

Voici un exercice pour ne pas prendre la grosse tête.

Intéressez-vous à un ouvrage, une conférence, une revue ou un article technique un peu ardus, que vous parviendrez à dénicher, sans difficulté, chez votre libraire, dans votre bibliothèque de quartier ou sur Internet.

Visitez, par exemple, le site de l'encyclopédie participative wikipedia. Si l'Univers et la physique vous passionnent, saisissez des mots-clés comme big-bang, trou noir ou matière ; si vous vous intéressez à la Nature, tapez écologie, météorologie ou volcan ; si vous préférez approfondir vos connaissances sur le corps humain, tapez système immunitaire, hystérie ou adn ; et si vous êtes plutôt philo, essayez les mots vérité, mal ou liberté.

Sinon, empruntez un livre scolaire à l'un de vos enfants ou demandez à votre marchand de journaux le meilleur magazine scientifique ; lisez-les du début à la fin, sans choisir les sujets.

Tâchez de saisir le sens général, même si vous ne

comprenez tout ce qui est dit ou écrit. Ne prenez évidemment pas votre dictionnaire. Laissez-vous porter par le texte, sans vous arrêter aux mots inconnus ou aux phrases compliquées.

Après cela, vous pourrez reprendre l'interrogation de départ et vous demander, non pas quel est le sens de la vie, mais quel sens vous voulez donner actuellement à votre vie. Faites le point régulièrement et changez éventuellement de direction, si le vent tourne.

❧ 56 ❧

Semez des cailloux

Quelle est la différence entre des pieds d'Occiden-
taux, qui marchent en chaussure, et ceux de peuplades
d'Afrique ou d'ailleurs qui ont l'habitude de se déplacer pieds nus ? La corne qu'ils possèdent sous les pieds.
À force de frotter contre la dureté du sol, leur peau
s'endurcit, alors que la nôtre reste douce, comme celle
d'un bébé, parce que nos pieds sont protégés, bien au
chaud, à l'intérieur de nos souliers. Résultat : si nous
devions marcher pieds nus sur les chemins caillouteux,
nous aurions bien des désagréments.

Notre personnalité est comparable à des pieds psychologiques, car c'est elle qui nous permet d'avancer
dans la vie, à travers notre façon singulière de penser,
de sentir et d'agir.

Prenons deux vrais jumeaux, aux gènes identiques, et
élevons-les dans des environnements éducatifs opposés. Le premier grandira dans un cocon qui lui évitera
les situations et les rencontres négatives qui pourraient
le blesser ; l'autre, au contraire, sera poussé à affronter
la dure réalité extérieure. Au final, nous aurons deux

personnalités marquées bien différentes, l'une que l'on peut qualifier de faible et l'autre de forte. L'enfant qui aura été confronté régulièrement aux aspérités du monde s'endurcira et développera une couche protectrice, ce qui lui permettra de mieux se préparer à l'adversité. Voici donc un exercice pour fortifier sa personnalité.

Pour commencer, échauffez-vous en glissant dans vos chaussures des grains de riz. Suffisamment pour occasionner un léger désagrément, mais pas trop afin de pouvoir mener à bien les prévisions de la journée.

Exportez ensuite l'exercice à la campagne. Choisissez un chemin non goudronné, prenez vos chaussures à la main, au cas où, et marchez le plus longtemps possible pieds nus ; lentement d'abord, pour vous habituer. Sentez les cailloux sous vos pieds, ces petits obstacles que d'habitude vous essayez d'éviter. Dites-vous, à chaque pas, qu'il faut être plus fort que le caillou, comme plus tard, dans la vie, vous devrez triompher des difficultés rencontrées. Vous ne devez pas les craindre, mais vous endurcir pour développer la capacité de les surmonter.

❧ 57 ❧

Coupez le fil

Nous sommes tous nés attachés par le cordon ombilical qui nous reliait à notre mère. Ce lien de chair a été coupé à la naissance, mais nous l'avons vite remplacé par des liens affectifs, des fils invisibles qui remplissent la même fonction : nous relier à d'autres êtres qui nous apportent amour, sécurité et réconfort ; ce furent d'abord nos parents, puis nos frères et sœurs, enfin des amis, des amours, des enfants.

Les liens d'attachement sont tressés de deux fils : la sécurité et la dépendance. Nous nous attachons aux gens qui nous aiment et que nous aimons. Mais ces liens nous attachent et nous rendent dépendants, car, privés de ces êtres chers, nous nous sentons seuls, vides, fragiles et sans valeur.

Ce fil invisible est aujourd'hui représenté par le téléphone, cet objet magique qui nous permet de rester en contact quasi permanent. La possibilité, avec les portables, d'être joints partout et à tout moment, accentue encore plus cet attachement, comme le montrent ces personnes qui consultent régulièrement avec angoisse leur objet fétiche ; rien de pire qu'un portable silencieux. Certains vont même jusqu'à le programmer afin qu'il sonne à une heure particulière, histoire de persuader l'entourage qu'ils sont très demandés ; et de se convaincre qu'ils ne sont pas si seuls que cela.

L'éloignement à intervalles réguliers des parents, qui partent travailler ou laissent leur progéniture à l'école, permet à l'enfant d'acquérir l'autonomie nécessaire pour grandir et parvenir à bien vivre en leur absence. Une fois grands, nous devons continuer ce sevrage, si nous ne voulons pas que nos attachements se transforment en enfermement.

Voici, à cet effet, un exercice simple à énoncer, mais plus difficile à mettre en pratique.

Commencez par les textos ou le courrier postal. Quand vous recevrez votre prochain message, laissez s'écouler quelques minutes avant d'en prendre connaissance. Avec un peu d'entraînement, vous devriez arriver à tenir au moins une heure.

Prenez ensuite l'habitude de couper régulièrement le téléphone pendant une soirée, puis savourez votre liberté le temps d'une après-midi ou d'une journée entière.

À votre naissance, on vous a coupé le cordon pour vous donner votre autonomie biologique. Désormais, c'est vous qui devrez le couper une seconde fois, si vous voulez accoucher de vous-même et acquérir votre indépendance psychologique.

Mais nous possédons aussi des fils invisibles qui nous attachent de l'intérieur, c'est l'objet de l'exercice suivant.

❧ 58 ❦

Devenez une marionnette

Qui n'a jamais éprouvé la désagréable sensation d'être une marionnette manipulée par des fils intérieurs invisibles ? On a l'impression de n'être plus soi-même et, parfois, on se demande, avec appréhension, si l'on n'est pas en train de devenir fou. Mais, fort heureusement, c'est rarement le cas. Dans ces situations, nous découvrons juste que notre volonté n'est pas la seule composante de la personnalité. Nous avons aussi des émotions qui nous poussent souvent à agir et à penser autrement que nous le voudrions.

Face à ce constat, la réaction fréquente est de vouloir éliminer ces conduites irrationnelles, comme on sermonne un enfant pour le remettre dans les droits chemins de la raison, mais ce n'est guère efficace. Car cette façon d'aborder le problème déclenche une guerre intérieure, un combat entre l'ange et la bête, la tête et le cœur, notre côté adulte et notre côté enfant, conflit qui exacerbe les émotions que nous voulions pacifier.

Quand on a tout essayé, il ne reste plus, alors, qu'à lâcher prise. Voici un exercice ludique, complémentaire au n°21, pour vous entraîner, de temps à autre, à lâcher l'emprise de la volonté consciente sur le reste de votre personnalité, sans vous sentir angoissé.

Promenez-vous dans une ville connue, mais au lieu d'emprunter les rues en fonction de vos envies ou de vos habitudes, déplacez-vous selon les numéros de plaques d'immatriculation rencontrées au hasard de votre périple. À chaque bifurcation, si le véhicule le plus proche possède un numéro impair, tournez à droite, sinon prenez à gauche. Ou choisissez une autre règle, du moment qu'elle comporte une alternative (impair : je continue tout droit, pair : je tourne). Vous aurez l'agréable surprise de découvrir des ruelles ou des places inconnues. Mais la plus grande découverte sera de vous apercevoir que la mise en veilleuse du mental permet, non seulement, d'être bien, mais aussi de laisser s'exprimer d'autres types d'intelligences qui sont habituellement réprimées par la toute-puissance de la raison.

À deux, vous pouvez pratiquer cet exercice supplémentaire. Mettez-vous face à face, à un mètre de distance, l'un prenant le rôle du marionnettiste et l'autre celui de la marionnette. La marionnette doit exécuter les mêmes mouvements corporels que le marionnettiste, comme si c'était son image dans un miroir. Puis changez de rôle.

❧ 59 ❧

Jouez sans perdre ni gagner

Nous avons vu, à l'exercice n°19, l'importance d'apprivoiser l'échec pour mieux s'y préparer et l'affronter le moment venu. Cet entraînement va plus loin et traite de l'alternative qui structure nos principaux choix de vie : perdre ou gagner, réussir ou échouer, le plaisir ou la souffrance, le bien ou le mal, etc. Car l'un est toujours la face cachée de son frère jumeau. Gagner, c'est ne pas perdre ; réussir, c'est ne pas échouer ; être heureux, c'est ne pas être malheureux... Et l'ombre du négatif plane sur nos expériences positives, qu'il faudrait plutôt appeler anti-négatives.

La santé, la bonne santé, diffère de l'absence de maladie, de même que vivre, bien vivre, ne consiste pas simplement à tout mettre en œuvre pour ne pas mourir. Idem pour le vrai bonheur, qui vaut plus que l'absence de malheur.

Voici un simple exercice afin de jouer au Jeu de la Vie, en suspendant momentanément la question du gain et de la perte.

Achetez un billet de loterie, le moins cher, et ne vérifiez jamais si vous avez gagné ou perdu. Gardez-le une semaine ou deux, en pensant régulièrement à la possibilité d'être millionnaire, puis jetez-le sans remords. Pour quelques euros, vous réaliserez une expérience qui vous rapportera bien plus que vous ne l'imaginez. Évidemment, il faudra répéter l'entraînement pour, avec le temps, parvenir à assouplir votre désir de réussir et votre peur d'échouer.

⤞ 60 ⤝

Achetez sans acheter

Si l'argent est une cause majeure de dépendance, la consommation qui lui est associée l'est autant. La consommation de biens matériels, bien sûr, mais aussi de relations, de nourritures affectives, de connaissances, de savoirs, d'expériences. Dans tous les cas, il s'agit de la même tendance boulimique, que l'on pourrait résumer par le slogan : « plus on a, plus on est ».

Cet exercice, complémentaire au n°16, vous permettra d'assouplir le besoin insatiable de consommer des objets, des humains, des idées comme des aventures.

Rendez-vous dans un hypermarché, le plus grand possible, prenez un chariot et parcourez tous les rayons, sans exception. Examinez soigneusement les divers produits et n'en prenez aucun. Reposez votre chariot vide et rentrez chez vous tranquillement, sans vous jeter sur la première boutique ou boulangerie au coin de la rue.

À pratiquer aux changements de saison.

Faites le clown

Dans les temps anciens, en Grèce, le disciple qui voulait être admis à l'école des Philosophes Cyniques devait subir un test. Non pas de réciter par cœur les auteurs classiques ou de soutenir une thèse sur un sujet ardu, mais de se promener dans les rues d'Athènes, par un après-midi noir de monde, en traînant derrière lui un poisson attaché à une laisse. Le verdict était sans appel : celui qui ne parvenait pas à affronter le regard moqueur et désapprobateur de ses semblables, n'était pas digne de devenir philosophe de cette école.

Chaque candidat qui voudrait intégrer l'École du Bonheur devrait surmonter une épreuve similaire. Être heureux suppose la faculté de supporter les jugements négatifs des autres, de dépasser la honte et de ne pas craindre le ridicule. Comme nous l'avons déjà abordé dans de nombreux exercices, l'enjeu consiste à ne pas confondre ce que nous sommes avec l'image qu'ont les autres de nous.

Voici un exercice pour préparer et réussir vos examens de l'École de la Vie.

Pour vous échauffer, promenez-vous dans la foule, habillé comme un clown, mais sans que cela se voie. Par exemple, mettez vos sous-vêtements à l'envers ou gardez votre pyjama sous le costume de ville. Quel est l'intérêt de la manœuvre, si personne ne le voit ? Essayez, vous comprendrez. C'est comme pour la culpabilité : anticiper la réaction de l'entourage suffit à nous mettre mal à l'aise.

Puis répétez la séquence, chaussé d'un nez de clown, en gardant la tête et l'esprit droits.

L'exercice prend de l'intérêt, si vous l'effectuez seul, évidemment. Au besoin, commencez par une ville qui n'est pas la vôtre, où vous êtes presque sûr de ne pas croiser de connaissances. Puis, avec l'expérience, prenez le risque de rencontrer des proches, qui attendront sans doute des explications. Quoi dire ? Inventez. Soyez créatif. Cela fait aussi partie de l'exercice.

Variantes :

Rangez votre montre et votre portable dans les poches, et demandez l'heure aux passants.

Préparez une enveloppe timbrée adressée au « Père Noël, Pôle Nord », dans laquelle vous avez pris soin de glisser une feuille blanche, puis sollicitez un conseiller de la Poste, afin de savoir si c'est la bonne adresse. Et postez-la. Exercice à pratiquer n'importe quel mois de l'année, sauf en décembre, bien sûr. Sans enfants. Coiffé d'un bonnet de Père Noël, si vous vous sentez d'attaque.

La vie, c'est sérieux. Votre bonheur, c'est sérieux.

Alors ne prenez pas trop votre image au sérieux et, de temps à autre, faites le clown.

❧ 62 ❧

Écrivez-vous

Nous avons déjà évoqué, à l'exercice n° 54, l'intérêt de s'inviter soi-même au restaurant. Dans la continuité, il est utile de s'écrire régulièrement. Pour se parler. Pour se dire ce qui nous touche ou nous bouleverse. Pour faire le point sur sa vie ou pour s'adresser des compliments, après un projet réussi. Pour se remonter le moral, aussi, dans les circonstances difficiles, voire pour se demander conseil. Comment agirions-nous, si nous nous trouvions dans cette situation ? Vous souriez peut-être, ne voyant pas trop la finalité de l'entreprise. Se contenter de penser à la question, n'est-ce pas suffisant ?
Faites l'expérience, vous verrez que ce n'est pas du tout pareil.

Parce qu'écrire vous oblige à clarifier votre pensée, à choisir vos mots, à exprimer vos émotions en les canalisant dans une phrase. Et parce que, aussi curieux que cela puisse paraître, vous n'êtes pas totalement la même personne, quand vous écrivez que lorsque vous lisez. Essayez. Envoyez-vous la missive par la poste, sans la relire. Quand vous la redécouvrirez, quelques jours plus tard, vous pourriez être surpris d'avoir une vision plus claire des problèmes qui vous préoccupaient.

Il n'est jamais trop tard pour établir le dialogue avec soi-même et, comme le dit bien l'étymologie de ce mot, pour qu'un dialogue existe, deux interlocuteurs sont nécessaires.

❧ 63 ❧

Parlez sans parler

Comme nous l'avons vu à l'exercice n°42, les paroles ne constituent pas toujours l'élément essentiel d'une communication entre individus. L'exercice suivant vous permettra d'explorer cet aspect, en vous initiant au dialogue sans paroles. Entourez-vous d'un ou plusieurs participants – votre partenaire de couple, des amis, vos enfants – et présentez-leur cet entraînement comme un jeu ou une occasion de mieux se connaître.

Le principe est très simple. Pendant un repas, une soirée, un après-midi, ou pourquoi pas une journée ou un week-end entiers quand vous serez bien entraîné, communiquez avec l'entourage à l'aide de tous les moyens dont vous disposez, sauf les mots parlés ou écrits. Vous pouvez danser, mimer, chanter (que la musique), utiliser des gestes ou des grognements, etc. Bref, là encore, inventez. Créez une autre façon de dialoguer, comme si vous vouliez être compris d'un extra-terrestre ou d'un sourd qui ne connaît pas le langage des signes.

Après coup, prenez le temps, avec vos collaborateurs, de mettre des mots sur ce que vous avez vécu durant cette expérience, pour partager les émotions et les avis de chacun. C'est bien souvent très instructif, surtout dans un couple qui ronronne depuis des années.

❧ 64 ❧

Excusez-vous

Personne n'aime se tromper, et encore moins s'excuser d'avoir commis une erreur. Dans ces situations embarrassantes, la culpabilité d'avoir déçu ou blessé des proches se rajoute aux sentiments de honte et de dépréciation. Voici un exercice pour assouplir et fortifier ces différents points.

Passez une petite annonce, sans trop vous ruiner (vous trouverez, sans trop de mal, un service gratuit sur Internet), afin de vendre un objet suffisamment recherché et assez cher habituellement, comme un écran plat, une voiture, un canapé en cuir, un appartement... L'astuce consiste à vous tromper volontairement en rédigeant l'annonce, en oubliant un zéro dans la somme, ce qui rendra l'article dix fois moins cher que prévu. Type d'erreur, soit dit en passant, assez fréquente dans les annonces entre particuliers ; ce qui oblige les vendeurs à s'excuser et à décevoir les potentiels acheteurs attirés par cette bonne affaire.

Il ne vous restera plus, vous aussi, qu'à expliquer votre erreur et à vous excuser pour la gêne occasionnée. Et si, par malheur, on voulait tout de même vous acheter ce bien virtuel, malgré l'augmentation substantielle de la mise à prix, et bien, pas de chance, votre voisin vient juste de l'acquérir.

Voici d'autres exercices du même genre, mais qui varient le théâtre des opérations.

Allez au restaurant et, au moment de régler l'addition, dites tout penaud au patron que, malheureusement, vous avez oublié votre porte-monnaie dans la voiture. Essayez de vous dépêtrer au mieux de cette situation, sachant que, de toute façon, vous avez prévu de payer. Plusieurs stratégies sont possibles : laissez l'argent caché dans le coffre de votre voiture garée juste à côté ; choisissez un restaurant qui refuse les cartes bancaires, mais situé à proximité d'un distributeur ; cachez des billets bien au fond des poches ou du sac et retrouvez-les, comme par miracle, après une deuxième fouille.

Autre variante : achetez un mensuel chez votre libraire, un peu avant la fin du mois, faites quelques pas, puis revenez le voir en disant que vous vous êtes trompé : vous possédez déjà ce numéro, vous cherchiez en fait celui du mois prochain (vérifiez auparavant qu'il n'est pas encore sorti) ; vous espérez, bien sûr, que l'on va vous rembourser.

Mais peut-être ressentez-vous un certain malaise avec ces exercices, parce qu'ils vous obligent à mentir ; certes, un petit mensonge sans grande conséquence, mais un mensonge toute de même. Dans ce cas, passez directement à l'entraînement suivant.

ও 65 ও

Mentez à bon escient

Je sais, ce n'est pas bien de mentir. Quand on dit cela, on pense surtout à l'individu qui subit le mensonge. Mais qu'en est-il du menteur, celui qui utilise la dissimilation dans des circonstances précises ? (Les personnes qui mentent tout le temps ou presque, c'est une autre question que je n'aborderai pas ici.)

Le mensonge ne constitue pas l'apanage des humains. De nombreuses espèces de plantes ou d'animaux emploient couramment cette ruse pour échapper à leurs prédateurs ; tels ces insectes ou ces poissons qui changent de couleur et d'aspect – prenant l'apparence d'une feuille, d'un caillou, d'un morceau d'écorce ou d'un coquillage – afin de tromper l'ennemi. Citons aussi les êtres vivants qui, en plus de l'agression et de la fuite, utilisent une troisième stratégie de défense : faire le mort.

Le principe est similaire, chez nous.

Le mensonge permet de se protéger de l'autre, d'échapper à son contrôle. Celui qui ne sait pas mentir, qui n'ose pas mentir, n'a plus que deux solutions face au danger : agresser ou fuir. Mais ces deux comportements ne sont pas toujours réalisables ni souhaitables. Dans les situations relationnelles où nous nous sentons agressés, dévalorisés, non respectés, parfois il vaut mieux choisir de faire semblant, pour désamorcer ou esquiver un conflit.

Montrer des sentiments que l'on ne ressent pas ou dire des mots contraires aux pensées, cela évite de s'enfermer dans des alternatives radicales, genre frapper son patron ou démissionner, couper les ponts avec ses proches ou leur dire leurs quatre vérités.

En fait, le mensonge est un mode de défense subtil, car il combine les particularités des deux autres stratégies, à un dosage plus faible. C'est une manière de fuir, car on ne montre pas son vrai visage à son interlocuteur, et d'agresser, car on le trompe aussi.

Le but, bien sûr, n'est pas de mentir à la moindre occasion, mais de s'autoriser à utiliser cette attitude quand elle paraît nécessaire pour notre protection psychologique.

Je suis sûr que vous savez prétexter une grippe ou une fatigue passagère, afin d'échapper à une journée de travail ou à une invitation qui ne vous enchantent guère, mais quelques exercices ne seront pas inutiles. Cela vous permettra de fortifier ce système défensif en assouplissant la sensation de culpabilité qui l'accompagne.

Les enquêtes d'opinion constituent un excellent échauffement. Parce que, bien souvent, elles utilisent votre temps et vos informations pour gagner de l'argent ; alors j'imagine que vous ne culpabiliserez pas trop à répondre n'importe quoi, au sujet de vos habitudes et de vos goûts de consommation.

Et pour continuer dans le même état d'esprit :

La démocratisation du téléphone portable nous apporte, d'un côté, la liberté de pouvoir être contacté en tout lieu et tout temps, et de l'autre la quasi obligation d'avoir à se justifier quand on éteint son appareil. Alors si vous aspirez à plus d'indépendance et désirez rester injoignable quelque temps (cf. exercice n° 57), la fausse panne de batterie sera une bonne excuse.

Invitez des amis à dîner puis annulez juste avant, sous un prétexte : fatigue, surcharge de travail, maladie du petit dernier.

❧ 66 ❧

Réussissez à échouer

Si vous vous êtes bien entraîné avec l'exercice n° 19, vous parviendrez à mettre en pratique votre apprentissage de l'échec volontaire avec les autres, cette fois-ci. Car réussir à échouer est tout un art.

En guise d'échauffement, glissez, de temps à autre, quelques fautes d'orthographe dans vos courriers, vos textos ou vos mails privés. Et, au passage, rappelez-vous l'époque insouciante où vous étiez enfant : comment avez-vous appris à écrire ? en faisant des fautes. Nul ne sort du ventre de sa mère en maîtrisant le langage parlé ou écrit, et personne ne vient au monde en connaissant la grammaire de la vie. Pour apprendre ce qui réussit, il faut tenter des expériences et donc risquer de se tromper.

Pour continuer, voici des exercices pour cultiver cet art de l'erreur.

Invitez à dîner la famille ou des amis et, au moment où ils sonnent à la porte, prenez un air embarrassé en leur disant que vous pensiez que c'était la semaine prochaine, mais ce n'est pas grave, vous allez leur concocter un repas improvisé, sur le pouce. Ou arrangez-vous pour que le plat principal soit trop cuit, pas assez ou très salé. Laissez libre cours à votre imagination : vous avez confondu le sel avec le sucre, manque de chance pour l'appétissant dessert que vos invités dévoraient déjà des yeux ; cette bouteille de vin provenait d'un grand cru, dommage que vous ayez versé un peu de vinaigre dedans, juste avant leur arrivée.

Puis mettez la barre encore plus haut.

L'objectif consiste à demander dix euros aux passants et voyageurs potentiels, croisés près d'une gare, en prétextant le vol de vos papiers ; c'est juste le montant nécessaire pour prendre le train qui vous ramènera chez vous (choisissez une destination correspondant grosso modo à cette somme). Si vous vous y prenez bien, vous aurez du mal à accomplir votre mission, parce que vous n'êtes pas le premier mendiant à utiliser ce stratagème. Dans le cas improbable où vous tombiez sur une personne qui se laisse convaincre ou qui, ce jour-là, veuille faire une bonne action, rendez-lui tout simplement l'argent en expliquant que c'était un exercice imposé par votre psy.

❧ 67 ❧

Inventez une pizza

Nous avons déjà vu, avec les exercices de créativité (n° 8, 32, 46), l'intérêt d'avoir la souplesse d'esprit nécessaire pour affronter et répondre aux situations nouvelles et difficiles. Un esprit rigide utilisera toujours les mêmes modèles et recettes, quels que soient les événements, alors qu'un esprit souple et créatif saura changer de modèle et inventer ses recettes de bonheur en fonction des circonstances.

Voici quelques petits exercices pour approfondir cette démarche créative.

J'imagine que vous avez mangé une pizza, plus d'une fois dans votre vie. Vous avez sûrement remarqué que l'on peut presque tout mettre sur une pâte et appeler cela une pizza ; même la sauce tomate n'est pas obligatoire. Alors inventez la vôtre, avec un nom et un assortiment d'ingrédients bien à vous. Confectionnez-la régulièrement, offrez-la quand vous êtes invité, et transmettez la recette.

Procédez de même avec d'autres plats, et prenez l'habitude de préparer un repas sans mesurer ni appliquer de recette ; suivez votre intuition et faites-vous confiance. On peut mijoter un pot-au-feu, chaque jour, sans que ce soit jamais le même pot-au-feu.

Essayez aussi avec une chanson ; que vous chantiez juste ou faux n'empêche pas de créer, l'important est que vous osiez mettre vos propres paroles sur un air apprécié que vous connaissez bien. Fredonnez votre création sous la douche ou dans votre tête, en vous promenant. Puis profitez d'une occasion propice, pour la chanter : comme un anniversaire, un départ à la retraite, un mariage, une naissance, une pendaison de crémaillère, la réussite à un examen... Là aussi, partagez vos œuvres (sur Internet ou ailleurs).

Il existe plein d'autres domaines ou vous pouvez créer plutôt que copier.

Tenir un blog et livrer ses propres analyses de l'actualité est très tendance, comme rédiger un article pour des encyclopédies participatives genre wikipedia.

Lancez-vous dans la peinture, le dessin, la sculpture, la photo, l'écriture, la musique, sans vouloir ressembler à un modèle ou chercher à devenir le prochain Mozart ou Picasso.

✤ 68 ✤

Domptez votre esprit

La coupure entre la tête et le corps est une constante chez les humains. Quand nous mangeons, lavons la vaisselle, marchons, voyageons en bus ou en voiture, montons l'escalier, quand nous écoutons les autres et même durant l'acte sexuel, bref, dans la plupart des situations quotidiennes, notre corps est là, dans le présent, dans la réalité concrète, mais notre tête est ailleurs, dans le passé, le futur, dans l'imaginaire. Nous pensons généralement à autre chose qu'aux actes que nous accomplissons.

Cette dissociation entre le corps et l'esprit est parfois utile (cf. exercice n° 5), mais, à la longue, elle peut s'avérer néfaste et aboutir, dans les cas extrêmes, à des pathologies mentales comme l'anorexie ou la schizophrénie (schizo, étymologiquement, signifie fendre, séparer, diviser). Quand notre tête s'évade, nous ne prêtons plus attention à ce qui est en train de se passer, et c'est alors qu'un détail crucial nous échappe, devient inconscient et, par effet boule de neige, peut entraîner une avalanche de problèmes somatiques ou relationnels.

Les Orientaux ont raison de traiter notre mental, notre pensée, comme un cheval fougueux, un animal sauvage qu'il faut apprendre à dompter, sinon c'est lui qui nous domptera. Voici quelques exercices pour sortir de l'état d'hypnose dans lequel nous demeurons la majorité du temps, sans nous en rendre compte.

Grâce à l'exercice n° 48, vous arrivez peut-être à apprécier de monter ou de descendre les escaliers. C'est l'occasion de vous concentrer sur cet acte des plus banals. Obligez-vous à compter les marches une par une. Si vous en oubliez, recommencez depuis le début. Refaites éventuellement l'exercice n° 56.

Dans les autres gestes quotidiens, contentez-vous d'accompagner mentalement l'acte que vous êtes en train d'effectuer, en le disant intérieurement ; par exemple : « je lave l'assiette », « je pèle les carottes », « je me brosse les dents ». Soyez totalement là, quand vous mangez, essuyez la vaisselle, repassez, balayez ou passez l'aspirateur, au lieu de faire autre chose en même temps avec votre tête, comme lire le journal, regarder la télévision ou penser aux projets du lendemain.

Dans un second temps, pratiquez le même type d'exercice à deux. Demandez à votre partenaire, à un ami ou à l'un de vos enfants de déplacer ou d'enlever un objet composant votre décor habituel, pendant votre absence, ou d'en ajouter un nouveau que vous ne connaissez pas. Dès votre retour à la maison, le jeu consistera à développer vos capacités d'attention afin de découvrir ce qui a été modifié.

Parlez avec les yeux

L'amour, depuis toujours, fait couler beaucoup d'encre. Le lien amoureux constitue, sans nul doute, une des relations les plus importantes que puisse vivre un être humain, mais c'est aussi la plus compliquée. Car on attend énormément de l'autre et de cette union. Mieux se connaître est donc un paramètre essentiel de la durée de vie d'un couple. Voici quelques exercices ludiques pour aller dans ce sens.

Commençons par les émotions (effectuez au préalable les exercices n°4, 42 et 58). Sur des morceaux de papier identiques, écrivez une des émotions principales – joie, peur, colère, tristesse – et pliez-les pour que l'on ne voie pas le contenu. Puis installez-vous face à face, confortablement, sur une chaise. À tout de rôle, chacun choisit au hasard l'un de ces sentiments et doit le faire deviner à l'autre, juste par le regard ; sans paroles ni mouvements corporels. Celui qui tire le papier, ferme les yeux, pour s'imprégner de l'émotion choisie, les ouvre quand il se sent prêt et regarde son partenaire pendant dix secondes. Le visage doit rester le plus neutre possible, pas de sourire ni de froncement de sourcils.

Quand vous serez bien entraîné, essayez des émotions plus subtiles comme l'envie, la surprise, l'ennui, le regret, la déception, l'impatience, le soulagement, la fierté, le mépris, etc.

Dans un second temps, attaquez-vous au mensonge, car la confiance est une des bases essentielles de la relation, qui plus est amoureuse. Et comme nous l'avons déjà vu dans d'autres exercices de cet ouvrage (n°42 et 63), pour parvenir à déterminer si l'autre dit la vérité ou non, il faut savoir écouter au-delà des mots.

Cette fois-ci, prenez deux petits bouts de papier et marquez « vérité » sur l'un et « mensonge » sur l'autre, pliez-les et posez-les sur la droite. À gauche, procédez de même avec neuf autres, sur lesquels vous inscrirez les chiffres de un à neuf. À tour de rôle, chacun est le questionneur ou le questionné. Le questionné choisit au hasard un papier dans chaque tas. Le questionneur lui demande quel chiffre il a eu. Si le questionné a tiré la vérité, il dit le chiffre marqué sur l'autre papier et si, au contraire, il possède le mensonge, il répond n'importe quel chiffre sauf celui-là. Pour l'intérêt de l'exercice, le questionné doit s'exprimer avec une phrase complète, du genre : « j'ai tiré le chiffre untel ». Le questionneur doit deviner s'il ment ou pas.

Pour compliquer cet entraînement et améliorer vos capacités d'écoute non-verbale, les deux protagonistes se tournent le dos et le questionneur doit alors se fier au ton de la voix pour savoir si son partenaire dit la vérité.

En complément, effectuez l'exercice suivant.

❧ 70 ❧

Changez de peau

On connaît vraiment quelqu'un, et d'autant plus une personne aimée, lorsque l'on est capable de se mettre à la place de l'autre, de ressentir ce qu'il ressent et de voir le monde à travers ses yeux à lui. Voici quelques exercices, complémentaires aux précédents, pour apprendre à vous mettre dans la peau de votre partenaire.

Pour démarrer, lisez avec intérêt ses magazines, ses journaux, ses livres de chevet. Regardez ses émissions et ses films favoris. Mangez ses plats préférés. Changez de place à table, au lit. Échangez certains vêtements entre vous.

Jouez ensemble au portrait chinois et essayez de deviner ce que l'autre répondrait. Si c'était un animal, une plante, un objet, un lieu, un plat, une couleur, un homme célèbre, une partie du corps… votre partenaire serait quoi ? Comparez avec ses réponses et discutez des écarts. Procédez de même avec des tests de personnalité.

Après ce petit échauffement, passez à l'étape suivante.

À tour de rôle, chacun prend la place de l'observateur et de l'observé. L'observé choisit en secret un objet banal et à vue du lieu d'habitation (une lampe, telle chaise, tel bibelot, un ustensile de cuisine, telle poignée de porte, telle plante) et en inscrit le nom sur un bout de papier qu'il garde dans un endroit convenu à l'avance (par exemple, sur un post-it accroché à sa carte d'identité). Pendant une journée en commun, l'observé regardera discrètement et régulièrement cet objet, en présence de son partenaire. L'observateur devra deviner quel est l'objet qui préoccupait l'observé.

Dans un premier temps, l'observé doit regarder l'objet de manière neutre. Puis, effectuez le même exercice en ajoutant une des quatre émotions principales : telle fenêtre fait peur, comme si un ennemi nous regardait à travers ; tel livre nous remplit de joie ; telle assiette nous rend triste, comme si elle avait appartenu à un proche disparu ; tel habit nous met intérieurement en colère, comme s'il était mal rangé. À l'observateur de trouver l'objet et l'émotion qui l'accompagne.

Enfin, pour corser l'entraînement, l'observé porte un pansement invisible, sous ses vêtements, mais assez gros pour qu'il occasionne une certaine gêne. L'observateur devra deviner, après vingt-quatre heures passées ensemble, qu'elle est la partie du corps de l'observé qui portait le pansement.

Lisez dans les taches

Vous avez sûrement déjà vu, dans un film ou ailleurs, ces fameuses taches d'encre du test de Rorschach, dont la plus célèbre est souvent interprétée comme un papillon. J'écris interprétée, car ces images, au départ, ne représentent pas une forme particulière. Elles ont été obtenues et sélectionnées après moult essais, en versant de l'encre au hasard sur une feuille qui est ensuite pliée en deux. L'intérêt du test, consiste justement dans la forme ambiguë des taches, qui permet à chacun d'y projeter un sens personnel.

Notre fonctionnement est très ressemblant. Comme nous l'avons vu aux exercices n° 2, 29, 47 et 49, lorsque nous regardons les autres, nous ne les voyons pas objectivement mais subjectivement. Nous interprétons sans cesse. Nous n'inventons pas, à la différence du fou qui hallucine une réalité inexistante, mais ce que nous observons est, au final, un mélange du monde extérieur et de notre monde interne, à des degrés divers. L'autre n'est jamais comme ceci ou comme cela, tout au plus pouvons-nous dire et soutenir que nous le voyons et le ressentons de telle ou telle manière.

Comme pour les taches de Rorschach, un individu ou une situation identiques pourront être vécus différemment selon les personnes. L'exercice suivant vise à ne pas oublier ce point fondamental et à assouplir notre regard et notre jugement sur les autres et sur nous-même. Je vous propose quelques taches d'encre créées spécialement pour cet ouvrage, à vous de trouver le plus de significations et d'interprétations possibles pour chacune (au moins deux) ; au besoin, tournez l'image dans tous les sens.

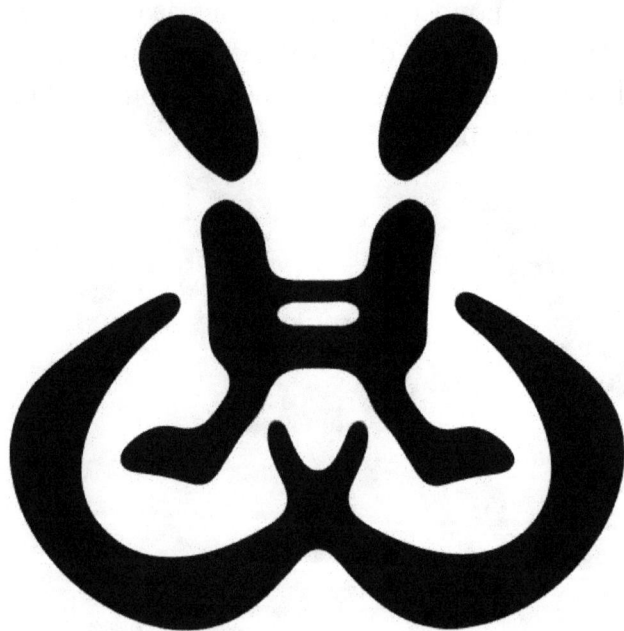

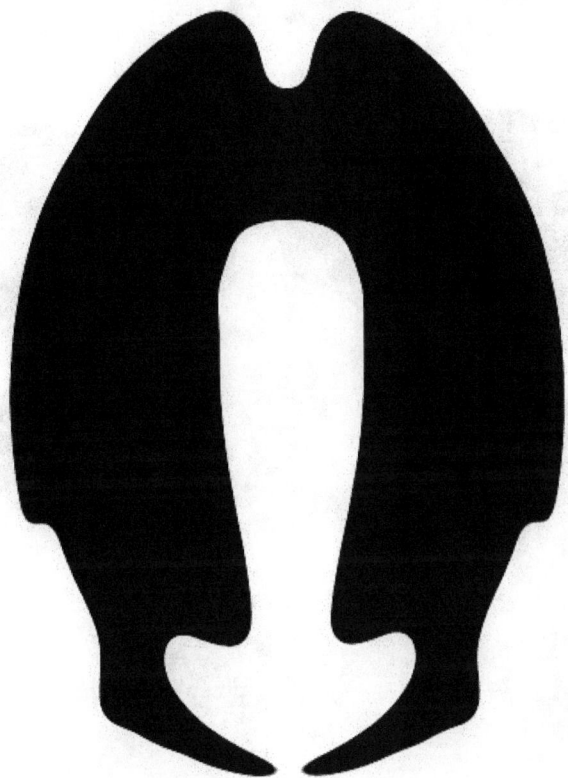

Index thématique

(les chiffres renvoient aux numéros des exercices)

Bibliographie

AMEISEN Jean-Claude, *La sculpture du vivant*, Seuil, 1999

ATLAN Henri, *Entre le cristal et la fumée*, Seuil, 1979

AZNAR Guy, *Idées – 100 techniques de créativité pour les produire et les gérer*, Éd. d'Organisation, 2005

BERTHOZ Alain
— *Le sens du mouvement*, Odile Jacob, 1997
— *La décision*, Odile Jacob, 2003

BOYER-LABROUCHE Annie, *Manuel d'art-thérapie*, Dunod, 2002

CICCOTTI Serge, *150 petites expériences de psychologie pour mieux comprendre nos semblables*, Dunod, 2007

CSIKSZENTMIHALYI Mihaly, *Vivre : la psychologie du bonheur*, Laffont, 2005

DAMASIO Antonio
— *L'erreur de Descartes : la raison des émotions*, Odile Jacob, 2003
— *Spinoza avait raison – joie et tristesse : le cerveau des*

émotions, Odile Jacob, 2005

DROIT Roger-Pol, *101 exercices de philosophie quotidienne*, Odile Jacob, 2001

FERNANDEZ Ysidro
— *216 questions embarrassantes que vous n'avez jamais osé vous poser*, Stanké, 2002
— *Proverbes psy*, Eyrolles, 2005

FUSTIER Michel et Bernadette, *Exercices de créativité à l'usage du formateur*, Éd. d'Organisation, 2001

GOLEMAN Daniel, *L'intelligence émotionnelle : comment transformer ses émotions en intelligence*, Laffont, 1997

HADOT Pierre
— *Exercices spirituels et philosophie antique*, Albin Michel, 2002
— *N'oublie pas de vivre : Goethe et la tradition des exercices spirituels*, Albin Michel, 2008

HUMPHREYS Tony, *Le pouvoir de la pensée négative*, Editions de l'Homme, 1999

LATY Dominique, *Histoire de la gymnastique en Europe – de l'Antiquité à nos jours*, PUF, 1996

LE PONCIN Monique, *Gym cerveau*, Stock, 1987

LIEURY Alain, *100 petites expériences de psychologie*

pour mieux comprendre le cerveau, Dunod, 2006

MARC Edmond, *Guide pratique des psychothérapies*, Retz, 2008

MEGGLÉ Dominique, *Les thérapies brèves*, Presses de la Renaissance, 2002

PARDUCCI Allen, *La mesure du bonheur*, PUG, 1999

PEZIN Patrick, *Le livre des exercices à l'usage des acteurs*, Éd. L'Entretemps, 2002

ROZZOLATTI Giacomo et SINIGAGLIA Corrado, *Les neurones miroirs*, Odile Jacob, 2008

ROUSTANG François, *Il suffit d'un geste*, Odile Jacob, 2003

TALEB Nassim Nicholas
— *Le Cygne Noir – la puissance de l'imprévisible*, Les Belles Lettres, 2008
— *Antifragile – les bienfaits du désordre*, Les Belles Lettres, 2013

Sommaire

du même auteur

Ysidro FERNANDEZ
- *2042 venue de Jésus ou du dieu d'Internet ?*
- *GYM PSY les vitamines de l'esprit*
- *l'AMOUR en 3D*
- *Contes et Proverbes psy*
- *la Bonne Question...*

Ysidro FERNANDEZ & Jean-Pierre ERNST
- *Don PSYCHOTTE*
- *Amour A mort*

Philosophe, psychologue, écrivain, auteur d'ouvrages grand public, au carrefour de la philosophie, de la psychologie, du coaching et de la sagesse.

YsidroFernandez@free.fr